來自觀護人的深切呼籲，聚焦我們與性犯罪的距離

安丙憲／著
邱麟翔／譯

親密的性犯罪者

推薦序

史上罕見的性犯罪者趙斗淳將在2020年12月13日出獄。他對一名未成年女童犯下極殘忍的罪行，卻毫無悔改之意。儘管獄方表示，出獄前將不斷實施預防性暴力教育，但真的會發揮效果嗎？一切都是未知數。如果認為他不會有任何改變，也屬合理推測。

人們經常聽到各種性犯罪的報導會感到不安，媒體與學者也只會重複相同的論調。若要提出實質的預防對策，就必須先瞭解性犯罪者的思維、知道出現何種徵兆時應該小心。但事實上，如果不曾與性犯罪者面對面接觸，不可能瞭解他們。

性暴力的影響範圍非常廣泛。不僅是被害者，被害者的家人也會面臨極大的刺激與痛苦。對於加害者懷有報復心、敵對感、無力感；沒能保護家人的罪惡感、性厭惡感……相關危害多不勝數。

幾天前，我接到一通陌生來電，是清州保護觀察所的主任——本書作者安丙憲所打來。他以實務經驗為基礎，寫成這本關於預防性犯罪的書，並且希望擁有豐富實務經驗的我協助核實內容。我與作者素昧平生，對於這樣的請求，雖感到突然，卻也佩服他的勇氣，因此決定一讀。書中詳述了性犯罪者的特性、犯罪手法、不同年齡的案例、應對方法，使人一目瞭然，最後還針對不同情況提出安全對策，令我讚嘆。

如果以為本書與一般的性犯罪教科書或理論書並無二致，就大錯特錯了。如同前述，作者在工作過程中密切接觸性犯罪者，長期觀察他們的特性、分析他們的犯罪手法，進而提出讓人避免受害的實質對策。書中沒有難懂的理論，只有實際案例與因應對策，我讀得欲罷不能。我敢說，從事實務的調查人員、從事研究的犯罪學者以及一般民眾讀完本書，絕對不會後悔。作者從自己的工作中找出問題、尋求解方，非常令人欽佩。每項實務的背後都有理論支撐，無法解釋實務的理論只是空談。希望能有更多人閱讀本書。

韓國犯罪學研究中心 金福俊研究員

性犯罪會瓦解人的尊嚴，不僅被害者難以復原，甚至被害者家人以及整個社會都可能因此受創，所以，也可以說是一種反人類的行為。雖然政府不斷致力於預防性犯罪，日常生活中卻依然不斷發生。我們的社會究竟是哪裡出了問題？作者毫不留情地批判大眾的旁觀態度，並且提出許多對策，教我們如何避免成為被害者，而非僅止於探討外國案例與分析性犯罪者的心理。閱讀本書，可以充分感受到作者身為一名實務者的用心，看見他是如何長期觀察並記錄性犯罪者的特性。我擔任犯罪心理分析師時曾經參與調查的案件也收錄在本書當中，都是令人心痛不已的案件。如今，我已卸下職務，成為一個普通的人民。對於極力預防性犯罪的本書作者，我想表達我內心由衷的感謝。

東國大學警察司法研究所 權一容兼任教授

本書生動地記錄了性犯罪者的樣貌，且能夠讓人感受到與他們實際面對面的臨場感，深富意義。本書也廣泛且具體地描繪出性犯罪的傳統類型與近年來興起的多種類型。內容易懂，同時流露出高度的警覺心，時時提醒讀者在安全上的隱憂。希望各位閱讀本書之後，都能過上安全的生活。

韓南大學警察行政學系 朴美郎教授

趙斗淳將在２０２０年12月13日出獄，包括未成年子女的父母在內的所有韓國國民都愈來愈憤怒且深感不安。就在此時，任職於法務部旗下保護觀察所、負責管理與監督電子腳鐐佩戴者的武道實務官安丙憲，詳細分析他們的心理與特質，且著重在分析「性誘拐（grooming）」及其他類型的性犯罪，以提高大眾的警覺心，並提出解決方案。作者舉出的豐富對策具有實用性，有助於預防暴力犯罪事件的發生，這是本書的價值所在。身為一個負責調查犯罪案件與拘捕罪犯的刑警，我很慶幸能夠讀到這本書，裡面提到許多發生在韓國社會裡的真實案例。你我生活在一個與酒、毒品、誘拐、暴力犯罪等密切相關的社會裡。希望各位讀者都能夠謹記並且活用作者針對不同情況所提出的應變對策與官方資源，時時保持警覺心，過上安全的生活。

打擊犯罪專家，江原道春川警察署 李垈祐刑事科長

防止性犯罪者再犯的第一線工作現場充滿了驚心動魄的時刻。作者實地觀察並深入研究無數名性犯罪者——從常見類型到特殊案例，其成果都收錄於本書當中。作者更舉出因應對策，告訴讀者如何避免成為被害者。當全國人民都深陷於性犯罪的不安之中，本書的出版有如天降甘霖。希望本書不僅能夠守護你的安全，也能夠守護你所愛的人的安全。

法務部首爾保護觀察所 特定犯罪者管理科 洪在成科長

本書作者安丙憲站在性犯罪預防工作的最前線，時時刻刻都處於孤軍奮戰的情況之中。作者接觸過的性犯罪者與暴力犯罪者超過300人，而且，他不停地觀察、思考性犯罪者與一般人之間的差異何在。本書是作者長期研究之下的成果。本書蘊含了實務者為防止性犯罪者再犯的智慧，希望能夠為各位帶來幫助，推薦所有人一讀！

法務部清州保護觀察所 崔在浩所長

日常生活中，經常發生各種型態的性犯罪。雖然你可能難以實際感受到，但請千萬不要因此大意，以為那樣的事情不會出現在自己的身邊。無論男女老少，任何人都可能成為性犯罪的被害者。為了預防犯罪，為了不再有無辜的被害者，本書作者——我的同事——安丙憲，寫成了本書。「如何才能避免被性犯罪者盯上？」這是你應該問自己，並找出答案的一個問題。

法務部清州保護觀察所 武道實務官 柳長賢

我的同事站在預防犯罪的第一線，比任何人還要更接近犯罪現場，並撰寫了此書。這段過程中的付出與汗水，我永遠不會忘記。你我都有可能成為性犯罪的被害者。為了避免社會大眾因為性犯罪而受創，我與我的同事正投身於現場，不斷地努力。對於本書作者，我想致上最高的頌讚與深深的敬意。

法務部清州保護觀察所　武道實務官　朴俊賢

《性暴力特別法》通過後，市面上出現許多相關教材，但內容大多不夠充實。如今，社會大眾需要一本指南，教導何謂正確的性文化與性教育。而且，你我都應該學習如何避免被性犯罪者盯上，保障自己的安全與幸福。唯有如此，我們才能享有幸福的日常生活。有句話說「與其給對方魚吃，不如教他如何釣魚」，本書揭示了許多簡單有用的方法，方便你我運用到日常生活當中，並且依照不同的性犯罪類型、性犯罪者特性，列出了具體的教戰守則。因此，希望所有的性教育講師、教師、社工、警察、宗教領導人及父母都積極運用本書，傳授有助於擺脫性暴力的優質預防對策給他人。期待本書為性文化的改革與發展作出貢獻，並且促進家庭、社會與國家的幸福。

韓國心理諮商教育中心 徐惠碩所長

※註：本書作者同時也是武道實務官，指具有跆拳道、合氣道、劍道或柔道三段以上資格，並且負責管理與監督佩戴電子腳鐐者的前科犯。

前言

如今，暴力犯罪依然經常發生。其中，性犯罪最令人髮指。韓國曾經發生「華城連環殺人案」，使全國陷入恐慌，後來被改編為電影《殺人回憶》。「華城連環殺人案」發生於1986～1991年的華城郡一帶，被害者皆為婦女，且犯罪手法極為殘忍，使許多人震驚。但是，由於缺乏證據，且犯案手法乾淨俐落，警方遲遲無法抓到真凶，成為一樁長年未破的懸案。不過，世界上沒有完美的犯罪。多虧有科學的發展與調查人員鍥而不捨的追蹤，兇手終於被找到。

「華城連環殺人案」的兇手是為了逞一時之快而多次隨機強暴並殺害女性的殺人魔，人人聞之色變。然而，韓國還有一名尚未出獄的人物，同樣讓全國上下陷入恐慌，任何育有孩子的父母都知道他的名字：趙斗淳。他即將在2020年12月13日出獄。

光從網路頭條新聞、搜尋關鍵字或話題焦點就能看出，我們在日常生活中經常出現性暴力犯罪的報導。不知是否正因如此，大眾反而變得麻木了。

某家媒體曾經公布監視器畫面，有一名女子獨自走在路上，被一名男子尾隨。然而，網友卻像觀賞驚悚電影般，不是給畫面打分數，就是好奇下一集的發展。這代表大眾都低估了暴力犯罪，或者認為與自己無關。但請好好想一想，暴力犯罪怎麼可能不會臨到你身上？身為管理與監督性犯罪者的人，我可以很肯定地告訴你：性犯罪者的犯行絕不單純！你一點也不安全！

身為一名觀護人，我負責透過電子腳鐐管理與監督性犯罪者，防止他們再犯，並且幫助他們適應社會。透過站在第一線的觀察，我經常驚訝於他們的殘忍。倘若不阻止他們犯罪，社會將陷入極大的混亂。

性犯罪者的犯罪手法非常多樣。其中，以兒童或身障者等弱勢族群為對象所犯下的罪行最難得到寬恕。但是他們往往不懂得反省自己的惡行，反而怪罪於社會，認為「是社會讓我變成這樣」。

他們看起來都很平凡，外貌、行為都與普通人沒有兩樣。然而，他們就像披著羊皮的狼，你永遠不知道他們何時會伸出魔爪。此外，他們也可能是生活在你家附近的鄰居。我所監督的前科犯之中，有人就住在我家附近，甚至曾經在超市裡巧遇。我這麼說，不是想要嚇唬各位，但生活在韓國的事實就是這樣。

性犯罪並不是個人議題。我希望各位知道，生活在韓國的你我都有可能遭遇暴力犯罪，且有可能在需要的時候得不到任何人的幫助。自行觀察、事先預防是最好的辦法。如果生活在韓國是安全的，我就不會寫下這本書了。我將告訴各位，性犯罪者的特性為何，以及如何避免成為性犯罪的被害者。希望本書能夠為各位帶來極大的幫助。

本書能夠出版，要歸功於許多人的幫助。為了守護國民安全而克盡職責的法務部同仁；即使人力不多，依然堅守崗位、孤軍奮戰以預防犯罪的每一名觀護人；我永遠為你們加油。此外，在現場致力於防止性犯罪者再犯的第一線人員，以及即使待遇不佳，依然賣命守護國民安全的武道實務官，我也要向你們致敬。

最後，要感謝我最敬愛的教會執事金玉姬女士，感謝您從未放棄失去父母的我。並且將所有榮耀都獻給拯救了不足的我、成就我生命的天父。

CONTENTS

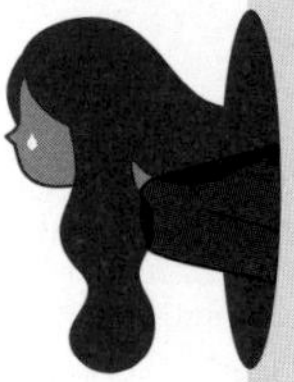

PART 3

常見的性犯罪應該如何應對

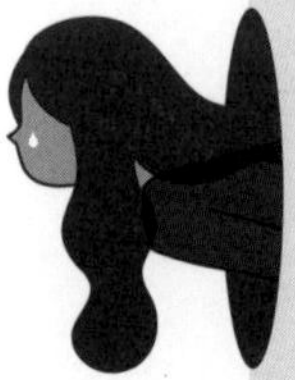

PART 4 特殊的性犯罪應該如何應對

PART 5 性誘拐

PART 6

不同年齡層的性犯罪

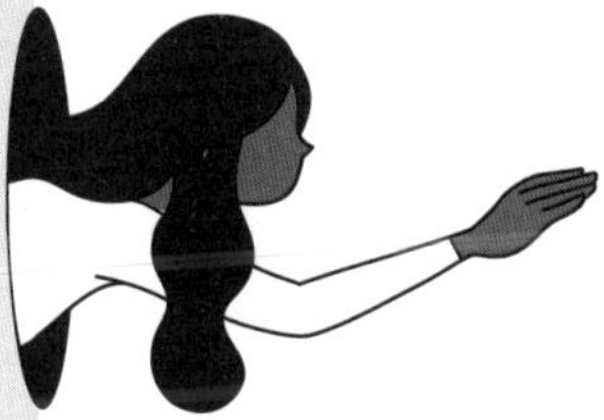

PART 7

不同情況下的安全對策

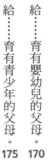

PART 1

在韓國生活，
並不安全

01 趙斗淳將於2020年出獄

最近，韓國人民最關注的人物是趙斗淳，他以極殘忍的手段，強姦了一名8歲女童，而他將於2020年12月13日出獄。

隨著出獄日的迫近，人們愈來愈憤怒。為了阻止趙斗淳出獄，有人在青瓦台請願網站上發起連署「反對趙斗淳出獄」，希望法院「重審趙斗淳案，改判無期徒刑」，連署人數多達61萬以上，創下最高紀錄。可惜的是，人民的請願終究過不了法律那一關，因為依照現行法律，趙斗淳案不可能重審。

我曾經與一名佩戴電子腳鐐的前科犯A談起趙斗淳案，提到他將於2020年出獄，不僅人心惶惶，大眾也對於性犯罪者愈來愈反感。沒想到，A竟然回：「雖然我也是性犯罪者，但請不要把我跟他歸到同一類。」到現在，我依然記得A說那句話時，臉上不悅的神情。

為何連一般的性犯罪者都對趙斗淳感到不齒，對於趙斗淳即將出獄一事也面露難色？或許是因為，趙斗淳是一名極殘忍的兒童強姦犯，連同樣犯下性犯罪的人也不以為然。

人們反對趙斗淳出獄，還有另外一個原因：他毫不知恥的態度。趙斗淳不僅對於自己強姦女童的行為毫無半點悔意，還多次狡辯、否認自己的罪行。趙斗淳在一審時被判處無期徒刑，二審時則以「精神耗弱（feeble-minded）」為由，獲減刑為12年的有期徒刑，但他依然認為刑期過重，多次提起上訴。

媒體曾經為了人民知的權利，不惜違反法律，公開了趙斗淳的長相。人們無不感到驚訝，因為他看起來非常平凡。這樣的人，將於2020年12月出獄。

趙斗淳之所以危險的真正原因

趙斗淳隨機強姦了一名8歲女童。該名女童受到嚴重傷害，這輩子都無法過上一個普通孩子應有的健康生活。趙斗淳犯下這種罪行後，竟還辯稱自己因為喝了酒而無法想起自己的行為，主張自己「精神耗弱」並要求減刑。這樣的人，在所有性犯罪者之中屬於危險的一類，其中的原因為何？

一、戀童癖

「戀童癖」是以殘忍手段強姦兒童的性犯罪者所罹患的精神障礙，又稱為「戀童障礙」，指會對青春期前的兒童產生強烈的性慾。戀童癖並非不會對成人產生性慾，只是，他們會對兒童產生更加強烈的性慾與性衝動，因此將兒童作為洩慾對象。

趙斗淳也有這方面的傾向。有誰會對一個應該在社會上受到保護的兒童施暴？趙斗淳為了滿足自己的性慾，以極為暴力的方式強姦了一名女童，代表他出獄後很有可能再犯。事實上，趙斗淳在獄中的心理評估結果指出，他在戀童癖的方面呈現出不穩定的狀態，也可能具有性偏差，因此有再次犯案的可能。

監督性犯罪者的期間，我發現，不只是趙斗淳，所有強姦兒童的性犯罪者都很有可能再犯，且他們的言行可信度極低。因此，趙斗淳是一名非常危險的人物。

二、酒後性情大變

趙斗淳目前正在獄中服刑，十多年來都抽不到菸、喝不到酒。但是，他出獄後會繼續戒菸、戒酒嗎？不可能的。我目前監督過的所有前科犯都是因為酒後犯罪而入獄，出獄後依然會繼續喝酒。雖然他們出獄時往往下定決心重新做人，但日後如果沒有堅定的意志，是很難戒酒和重新做人的。而且，趙斗淳一點悔過之心也沒有，他壓抑了12年的性慾與暴戾之氣有可能在出獄後無法自控而爆發。

三、擁有17項前科

趙斗淳入獄前犯下17項前科，包含盜竊、傷人、強姦等，連警察都害怕他出獄，因為他接受警察的調查時，曾經發表報復性言論：「就算我被關15、20年，到時都已經70歲了，出來前我一樣會在裡面好好運動，到時候我們就等著瞧。」他是個具有暴力傾向並且進出過監獄的人，沒有人可以保證他回歸社會後不會給別人帶來傷害。

出獄後，他將如何被管理和監督？

為了阻止趙斗淳出獄，很多人請求法院重審，但得到的回應是「依照現行法律是不太可能的」。難道我們真的無法阻止趙斗淳出獄嗎？令人心寒的是，確實是如此，目前我們沒有任何辦法可以阻止他出獄。那麼，趙斗淳出獄後，他將如何被管理和監督？

一、受到觀護人一對一的管理和監督

趙斗淳被判處有期徒刑12年、佩戴電子腳鐐且追蹤移動路徑7年、公開個人資料5年。電子腳鐐會在出獄當天佩戴，並立即向保護觀察所進行登錄，以及向大眾公開個人資料。亦即，從他出獄當天起，大眾就可以實時追蹤他的位置。不過，與其他電子腳鐐佩戴者不同的是，將有一名觀護人緊緊跟隨他，執行一對一的管理和監督。觀護人一對一的管理和監督是2019年3月28日《趙斗淳法》在國會通過後所誕生的新規定，觀護人將監督佩戴電子腳鐐的趙斗淳的行動、移動路徑、工作狀況、和誰見面，以及其他一舉一動，為了防止他再犯而孤軍奮戰。

二、公開個人資料

雖然趙斗淳的長相已經被媒體公開，但由於法院判處公開個人資料5年，趙斗淳的個人資料將詳細公告在「性犯罪者e告示網」，大眾可以得知他的真實姓名、年齡、實際居住地、健康狀況、照片、前科、電子腳鐐佩戴資訊等內容。

我們的社會裡有太多的性犯罪者。目前受到監督的性犯罪者之中，也有殘暴到不禁讓人納悶「竟然還有這種人」的例子，趙斗淳只不過是其中一人而已。只防範趙斗淳一個人的話，我們的生活也不會從此變得安全無虞。各位必須知道，社會裡存在著許多像趙斗淳那樣的性犯罪者或潛在性犯罪者。那些絕不能被原諒的人，目前也在社會裡生活著。

02 新型毒品，無意間就可能攝入

各位還記得前一陣子轟動韓國社會的「迷姦水事件」嗎？江南某一間夜店裡，多名藝人疑似利用毒品迷姦他人、官商勾結，最後接連被補，成為大眾矚目的社會案件。在這之中，我們最應該關注的是夜店裡的性交易，而且是利用毒品進行的性犯罪。

事實上，在夜店利用毒品進行性交易，已經不是什麼新鮮事。但如果這種惡行一直不被根除，代表日後你和朋友去夜店還是可能會成為性犯罪的被害者。那麼，震驚整個社會、被稱為「迷姦水事件」的夜店內性犯罪究竟是如何進行的？

夜店裡充滿了音樂、熱舞、酒精和異性。一群女性歡聚之時，心存不良意圖的人會走上前去，送她們酒或飲料。這時，如果女性毫不猶豫地喝下的話，會立刻失去記憶，且無法控制自己的身體。夜店裡的性犯罪者只將女性視為性對象。雖然在彼此合意的情況下不會有任何問題，但問題就發生在彼此並非合意的時候。夜店裡的性犯罪者會在遞給女性的酒中摻入安眠藥或迷姦水，讓女性昏迷後，再帶她們到附近的汽車旅館，進行強暴。

此外，還有一些夜店服務生會在解酒飲料中摻入藥物，使女性失去意識，或者在飲料中加入興奮劑讓女性飲用，然後讓付錢的男性客人帶走，女性在不知不覺中就被捲入了性交易。

剛成年不久的20多歲女性在夜店裡遭受性威脅，並且慘遭毒手，是非常令人難過的事情。當然，並非每一間夜店都是這種性犯罪的溫床，還是有很多地方可以讓人安心且盡情地玩樂。但是，請務必知道，如果妳是女性，夜店裡可能有性犯罪者正在以妳為目標。雖然妳只是和朋友一起去享受音樂而已，但很有可能因為喝下陌生人遞來的一杯飲料而失去意識，並且遭遇妳不希望發生的事情。

可能摻入飲料裡的毒品

俗稱「迷姦水」的新型毒品，正式名稱為「GHB（gamma hydroxy butyrate，中樞神經抑制劑）」，屬於精神藥物，也是著名的「約會強姦藥物」。由於無色無味，如果摻入飲料或酒中，絕對喝不出來。一旦喝下去，立刻就會失去意識。

迷姦水之所以危險，是因為服用之後會立刻失去意識，6小時後又會在體內分解殆盡，無法在藥物檢測的過程中測出成分，不留下任何有關加害者的記憶與證據。

除了迷姦水，用來治療失眠的安眠藥「佐沛眠」也是性犯罪者經常使用的藥品之一。如果喝下摻入「佐沛眠」的酒，就會像喝醉的人一樣，最後失去意識。此外，催情藥也會使人變得興奮且精神恍惚。

由於以上藥物皆可輕易取得，性犯罪者經常拿來使用，使人淪為強姦的被害者。

誰能保障韓國人民的安全？你到夜店裡享受音樂時，誰能保護你？陌生人遞給你一杯飲料，就可能改變你的一生，使你一輩子活在創傷之中，為社交恐懼症或憂鬱症所苦，且必須經歷漫長的復原過程才有可能重拾原本的平凡生活。

在夜店裡，請務必拒絕陌生人遞給你的所有飲料，並且對於性犯罪者保持警覺，因為他們可能瞬間就將你推入地獄。

03 你也可能成為非法偷拍的被害者

如果有人正在偷偷地看著你，從你經常進出的洗手間、通勤時搭乘的地鐵，甚至到你休息的住處，都有人正在偷窺、偷拍你的一舉一動，你一定會感到不寒而慄、震驚不已，且生活變得疲憊不堪。

我們都很習慣相機的存在。隨著智慧型手機的普及，現代人可以利用相機將任何瞬間記錄下來。而且，現代人也很習慣無論走到哪、去到哪，四周都有上百台的監視器正在監視我們。但是，相機只會用來承載你的回憶或保護你的安全嗎？並不是，相機也會被濫用，代表例子就是「非法偷拍」。

非法偷拍是一種非常惡劣、令人作嘔的性犯罪型態。被非法偷拍的女性容易因為自己的生活被不特定多數人窺視而經歷巨大的痛苦，備感羞恥與絕望，甚至選擇自殺。

而且，在韓國，非法偷拍的行為甚至發展出商業行為。偷拍男女朋友之間的性行為並進行威脅；或者偷拍他人更衣、如廁，再上傳到偷拍網站上，都可能帶來利益。還有些人會在朋友同事之間透過社群媒體肆意流傳，將私人行為變成帶給他人快樂的工具。

任何場所都可能存在非法偷拍，不僅是在地鐵、公車或公共廁所，連公司的辦公室、洗手間、更衣室、休息室都有可能。事實上，韓國是非法偷拍者的天堂，社會裡仍經常發生利用非法偷拍以進行威脅、強姦、勒索等的重大犯罪案件。

人氣歌手兼媒體人A在性愛過程中進行偷拍，並將影片傳給親近的同事，表示「我和〇〇上床了」、「我們在商場裡做愛」、「差點被狗仔拍到，但我只是假裝交往而已」。最後，他因涉嫌非法偷拍與散播偷拍的性愛影片而被補。

A與前女友B見面。兩人邊吃晚飯邊喝酒，氣氛成熟後，A希望到B的家裡再喝一杯，B起初拒絕，但後來改變了主意。但是，A喝酒後，因性慾上身而要求發生性關係，B拒絕後，A開始使用暴力，試圖強暴B。B使勁掙扎，生氣的A突然開始拍攝影片。B「你這是在做什麼？」強烈抗議，但A毫不理睬，拍完影片後，要求與B發展長期的性關係。

如何才能避免自己陷入非法偷拍的陷阱？我多次站在非法偷拍被害者的立場上，思考如何才能免於遭受非法偷拍。或許各位都知道這些辦法，只是因為一時疏忽而大意。

方法1 適量飲酒

非法偷拍者的主要目標對象是過量飲酒而精神恍惚的女性。他們通常將喝醉的女性貶為「螺肉」，對其拍攝猥褻影片，並且散布影片、威脅女性。各位務必知道，這類事情其實十分常見。喝酒絕對不能過量。

方法2 絕不拍攝性愛影片

交往時，愛情的確很重要。但是，如果對方以愛情的名義，要求拍攝性愛影片，請理性地拒絕。雖然人人都希望愛情能夠長久，但無法成真時，性愛影片就會被用來進行威脅，這類案例非常多。即使互為男女朋友，太過分的要求也應該理性地拒絕。而且，確認彼此愛情的方法，絕對不會是要求拍攝性愛影片。

方法3 養成良好習慣

穿衣是個人自由，但穿短裙的女性淪為非法偷拍被害者的案例非常多，因為非法偷拍者的目標是內褲，他們通常會將偷拍相機放在低處。

走在人多的樓梯或坡道上，請用手提包或購物袋輕輕遮住可能暴露的身體部位，良好的小習慣可以避免自己遭受性犯罪。

非法偷拍者通常將大意的女性當作主要目標。因此，妳必須找到自我保護的方法。妳可能會想「難道真的必須做到這種程度嗎？」而感到疲憊與厭煩，但是，犯罪者愈來愈聰明，女性也應該聰明地應對。

我希望非法偷拍的犯罪盡快在韓國根除，讓所有人都能夠安心、安全地使用公共設施與生活。非法偷拍應該盡快消失。

04 從「#MeToo運動」看「權勢性侵」

美國好萊塢所發起的「#MeToo運動」風潮也延燒到韓國，社會各領域的女性紛紛站出來表示「我也經歷過」。目前為止，組織內部性犯罪的被害者大多會隱瞞被害事實，因為他們深怕揭發之後自己會遭受不合理的對待。亦即，組織內部性犯罪的被害者打從一開始就身處於不平等的結構中。

2018年，一名女檢察官在節目中披露自己曾被組織內部人士性騷擾，因而引發韓國的「#MeToo運動」浪潮，並且如同野火燎原般快速擴散。從娛樂圈、藝文圈、體育圈、教育圈，到政治圈，各領域都爆出權勢性侵的案例。身為加害者的權威人士原本隱瞞著自己性侵他人的事實，厚顏無恥地照常生活，但「#MeToo運動」扭轉了局勢，使他們開始失去社會地位並遭受大眾撻伐。

「#MeToo運動」的特點是透過社群媒體的主題標籤「#MeToo」來揭發。雖然這似乎顯示出，只有名人才會行使性暴力，但權勢性侵的現象其實廣泛存在於社會各處。這代表，你與你的親友也可能遭遇相同的經歷。

如果加害者利用權威或權力來行使性暴力，被害者將經歷非常嚴重的痛苦與創傷。最常見的是財力較高者加害於財力較低者，或者權位較高者加害於權位較低者。因此，被害者通常提告了也無法保護自己，甚至很多加害者不怕被告而繼續加害。

強調「服從命令」的職業領域裡也容易發生權勢性侵。例如，軍隊上級對下級、學校教師對學生、體壇教練對運動員，都可能行使性騷擾或性暴力。這類情況裡，由於前者有權力操控後者未來的人生發展，後者往往不敢積極為自己發聲。以運動員為例，倘若站出來揭發，使教練身陷性醜聞，運動員自己的運動生涯也可能同步面臨危機。因此，很多運動員對於支持自己的家人也不敢坦承，只有一再默默承受；加害者則繼續濫用權力結構，為非作歹。

你也可能是旁觀者之一

性犯罪之所以在韓國猖獗，其中一項原因是「明知犯罪事實卻閉口不說的旁觀者」。有人明知同事被害，卻認為事情與自己無關而漠不關心，甚至嘲笑被害者。這也是為何組織內部的加害者依然繼續肆意妄為的原因。

「#MeToo運動」興起時，許多人在網路上留言鼓勵被害者，為他們鼓掌和加油。但同時，亦有惡意留言指出，被害者的揭發會給社會帶來風波，並且痛恨被害者像炫耀般地不停發言。他們為何會說性暴力的被害者有錯呢？

他們不僅批評被害者的揭發是在散播女性優越主義，還罵：「是妳自己行為不檢點，有什麼好炫耀的？」假如你所愛的人只因為她身為女性就遭人怒目，你能夠接受嗎？

我永遠為那些勇敢揭露被害事實的女性們加油，因為她們正在努力創造一個更美好的社會。對於這些女權運動毫不關心的人，都是旁觀者。為了讓社會變得安全並且良好運作，我們應該為她們的行動而加油。我們有責任付出努力，創造一個讓所有人都能夠安全生活的社會。

不要停止揭發

「#MeToo運動」已經進行了約一年，但目前的情勢並不樂觀。檢方正在調查針對被揭露之性暴力的反訴案件，長期受到關注的性暴力案件也逐漸淡出大眾的視線。加害者反而變成被害者，法律上的攻防也使大眾愈來愈疲勞，受關注度也愈來愈低。但是，那些女性依然在孤軍奮戰當中，組織內部的性犯罪依然猖獗，似乎永遠無法根除。然而，請務必知道，即使現況尚未改善，但一直都有人支持著你。很多人都在關注著，希望小小燭火成為燎原之火。

為了讓性犯罪的被害者得到保護並建立一個沒有性犯罪的社會，「#MeToo運動」絕對不能以失敗收場。我希望各位不要將它視為別人的事情，而是積極關注。

05 韓國是治安良好的國家嗎？

有一檔拍攝外國人到韓國旅行的綜藝節目《歡迎！第一次來韓國吧？》，有三個南非人在韓國旅行，對韓國的夜生活感到非常驚訝，令我印象深刻。

當他們說「哇，在南非，星期一晚上絕對感受不到這種氣氛」、「晚上走在外面也不用擔心，真好」、「我拿著手機走在路上，到現在都沒有被搶」，我一時之間無法理解，因為我不知道南非是一個充斥盜竊、開車搶劫、暴力威脅事件，人人都不敢在晚上出門的國家。因此，與南非相比之下，韓國顯然是一個治安良好的國家。

外國人喜歡到韓國旅遊的首要原因是「治安良好」。事實上，韓國的大街小巷都設有監視器，也有許多24小時營業的餐廳與便利商店，還有警車經常巡邏犯罪易發地帶。而且，就算將筆記型電腦與錢包都放在咖啡店的桌上，也不會有人拿走，街上也不會有人拿著槍抵在你的頭上。但是，這種安全感是真的嗎？

很多女性習慣喝酒喝到很晚，接著獨自走在人煙稀少的小巷裡，渾然不知性犯罪者所覬覦的，就是這樣的機會。人人都應該提高警覺，因為唯有如此，才能真正保障每個人的安全。

韓國的性犯罪發生率

讓我們透過統計資料，來瞭解韓國是不是一個真正安全的國家。根據檢察廳的統計，2017年韓國的性犯罪案件共有32824件。從加害者與被害者的關係來看，成年人被陌生人加害的機率為68・7％；青少年被陌生人加害的機率為58・7％，被熟人加害的機率為23・5％。亦即，成年人大多是被陌生人加害，青少年較有可能被熟人加害。

從季節來看，夏季為32・3％、春季為27・1％、秋季為23・3％、冬季為17・3％；性犯罪率以夏季為最。從場所來看，住處為16・1％、街上為13・6％、交通工具上為12・8％、其他為41・5％。從時段來看，白天12：00～17：59為22・2％，晚上20：00～03：59為40・9％；所有性暴力的案件中，有51・7％是發生在晚餐時間之後。

平均而言，韓國每天有89名女性遭受性暴力。但是，如果考慮到遭受報復性威脅或性誘拐而不敢發聲的情況，實際上發生的性暴力案件應該還有更多。

未滿13歲的兒童被害者之中，依照場所分類的話，住處為31%，街上為18．3%，飯店及娛樂場所為14．6%；若依照關係分類的話，陌生人加害為63．7%，親屬加害為14．6%。總而言之，兒童經常在街上被陌生人加害，經常在住處被親屬加害。這麼說來，韓國真的是治安良好的國家嗎？

不只是別人的事

你依然認為，性犯罪只會發生在別人身上嗎？若是如此，你屬於比較遲鈍的一類。我長期監督電子腳鐐佩戴者，處理過很多性犯罪案件，因此理解到性犯罪會引發暴力、誘拐、殺人等，絕對不是輕罪。如果各位也認識性犯罪者的真面目，對於性犯罪的態度也會從此改變。

我將一直秉持著使命感，直到韓國不再發生任何一宗性犯罪案件。即使看似不可能，我也將堅持下去。

自古以來，性犯罪就無處不在。性犯罪者會不擇手段，有目的地接近弱者，進而犯行，而且現場往往慘不忍睹，被害者的身體被撕裂、瘀血，甚至血跡斑斑。這就是為何性犯罪屬於「暴力犯罪」。

在韓國，你不會在晚上被人用槍抵著後腦勺或被搶劫。但請千萬要留意，你隨時可能成為性犯罪者的目標。

PART 2

出乎意料的性犯罪者

01 只是普通的鄰居

你曾經想過你的鄰居可能是性犯罪者嗎？雖然聽起來有點荒謬，但我深信，你的鄰居很有可能會是性犯罪者，因為事實上，很多性犯罪者都在社會裡平凡地生活著。

我的工作是管理和監督電子腳鐐佩戴者，對於他們的家、工作單位、周圍的人、關係密切的人、移動路徑、特定地區的一舉一動，我都密切地管理和監督著。即便如此，他們並非顯得較為特別或不一樣，反而長得很平凡，或許經常和附近的孩子們打招呼，或者每天都將家門口打掃得乾淨俐落。也就是說，從外表上，我們絕對無法辨別。況且，並不是所有的性犯罪者都會佩戴電子腳鐐或被公布個人資訊。他們可能會以普通鄰居、店老闆、親切的警衛等身分，生活在我們身邊。

我所管理的性犯罪者之中，有人的鄰居渾然不知他是一名性犯罪者。某日，我到訪一名管理對象的家，門口的警衛認出我，竟然問「你來看○○大哥嗎？」警衛接著開始誇獎他，因為他曾經在停車場旁邊幫忙垃圾分類。直到現在，該犯罪者仍然被警衛視為好人。

H被公寓住戶視為好人。他有時會在遊樂場陪孩子們玩，孩子們平時都很聽他的話，父母也都很感激他，因此H在社區裡頗為有名。但是，H的真面目卻不是這樣的，其實他打算先和孩子們建立友誼，再找機會滿足他的性慾。幾天後，H說要給某個孩子禮物，將孩子引誘到自己家中，試圖性侵。

他們經常以好鄰居的形象示人，因為他們也是普通人，必須在社會裡生存。

當然，我不是要你盲目地懷疑你的鄰居。但是，你有必要提高警覺。事實上，很多人都因為與性犯罪者互為鄰居且關係密切，最後讓自己的子女陷入危險。沒有人能夠摸清楚犯罪者的心思，也無法預測他們何時會將魔爪伸向自己的子女。

有人曾說：「不知道這些還比較好」，但我並不同意。因為，只要知道鄰居有可能是性犯罪者，就有可能預防犯罪。你必須喚醒已然麻木的警覺心，你的鄰居可能不是你所想的那樣。

02 良好的第一印象

電影《觀相大師：滅王風暴》裡，首陽大君（李政宰飾）的臉上有著一條長長的疤痕，因此給人一種凶惡殘暴的印象。他曾經問觀相師（宋康昊飾）：「我的面相是成為王的面相嗎？」

觀相是從一個人的長相和形象來預測他的命運、性格及善惡，甚至是壽命。這種事情真的有可能做到嗎？電影《關鍵報告》裡，有一種尖端系統「Pre-Crime」能夠預測犯罪，事先預警犯罪場所與犯罪者，進而阻止犯罪的發生。倘若「觀相」也被用來事先找出性犯罪者，能有效預防犯罪嗎？

這當然是不太可能的事情，因為性犯罪者的面相往往不像電影中的首陽大君一樣，臉上有著傷痕，也不會散發凶惡的氣息。看那些已經公開的性犯罪者的臉，就可以知道。他們反而因為長得過於平凡，而更加令人感到可怕。

大眾都很好奇性犯罪者的長相，我也是如此。拿到性犯罪者的資料時，我往往會預期他們的長相是可怕的。但是，面對面一看，他們卻長得非常平凡。有人長得很帥，也有人長得像鄰居大叔。有人的五官端正，長得像模特，也有人長得像搞笑藝人。也就是說，從外表上來看，根本無法認出他們是性犯罪者。

若從通緝令或性犯罪者e告示網的照片來看，他們的長相便讓人感覺像是罪犯。但，這是因為我們已經知道他們是罪犯。如果不知道他們的犯罪事實，是預料不到的。

性犯罪者的長相平凡，會有什麼問題？問題就是：隱藏在平凡臉龐背後的醜惡。對他們而言，好看的外表反而是一種武器，有利於接近他人。實際上，我所管理的一名對象正因為長得帥，曾經同時與多名女性交往。

佩戴電子腳鐐的B是一名五官姣好的美男。他出獄後，在朋友的介紹下認識了一名女子，兩人很快成為情侶。但是，B並沒有告訴對方自己佩戴著電子腳鐐，因為他擔心如果據實以告，對方就會離開他。然而，在兩人第一次的兩天一夜旅行之中，對方看見了B身上的電子腳鐐，因此立刻搭車離去。兩人就這樣分手了。

請思考一下，對你有好感、對你很好、給人的印象很好、你從未懷疑的人有沒有可能是一名性犯罪者。我的使命在於喚醒你已然麻木的警覺心。我要告訴各位，千萬不要用外表來判斷一個人。

03 有家人、有交往對象

假如你發現，你的男朋友是佩戴電子腳鐐的前科犯，你能夠接受並繼續愛他嗎？愛能否勝過一個人的犯罪事實？

我所管理的電子腳鐐佩戴者之中，大部分都有交往對象。起初，我無法理解，以為他們的交往對象肯定是被威脅、被抓到什麼把柄而被迫交往。但是，許多人都出乎我意料，平凡地談戀愛，甚至結婚，過著和睦的生活。已婚者也一樣，他們家人大多沒有轉身離開，而是在他們出獄之後繼續陪伴，幫助他們適應社會生活。

事實上，性犯罪者從服刑期滿出獄到融入社會，需要很長一段時間。如果身邊有人可以依靠或給予協助，很快就能適應；但如果不能適應，就會再次犯案。從這個現象來看，性犯罪者的交往對象或家人其實是在幫助整個社會。

當然，每一名性犯罪者都具有潛在性，都有可能再犯。而且，所有性犯罪者的共通點是，他們都會繼續與女性來往，無論關係是正常或不正常。沒有人能夠一輩子禁慾。

那麼，他們會透過什麼方法，繼續與女性來往？已婚者會重回家人的懷抱，未婚者會回頭找舊情人，或者像一般人一樣透過他人介紹來認識新對象。若不然，也可能在出獄之後流連於娛樂場所，認識娛樂業的從業者，發展為真正的情侶或純粹為了追求性方面的快感而交往。

年輕的性犯罪者也可能透過聊天軟體或在不同年齡層的聚會上認識女性，甚至發展為情侶。但如果最後被對方發現自己佩戴電子腳鐐，往往以分手收場。

年輕的性犯罪者也會去夜店，透過店員介紹而認識異性，或者大方地與人互動交往。就像這樣，他們會不斷地與女性見面、分手。

不過，他們之所以危險的原因是什麼？性犯罪者大多出入於有許多女性的場所，有一部分的人是將女性視為性對象，當然也有一部分的人是想好好與女性交往。但是，無論屬於哪一種，只要他們無法達成性方面的目的，就會露出殘酷的本性。

我不知道他們是否能夠戒除過往的習性，在社會上好好生活。但是，我每天都會嚴密地管理與監督，防止他們再犯，並幫助他們融入社會。如果性犯罪前科犯的身邊有交往對象，他們比較能夠順利地適應社會生活。當然，前提是要告知對方自己有佩戴電子腳鐐。

性犯罪者出乎意料地平凡。不，應該說，他們只不過是表面上看起來很普通而已。如果你不想成為性犯罪的被害者，就應該好好觀察男性的內心，而非外在。

04 人面獸心的父親

性犯罪都很殘酷；其中，以子女為對象，「人面獸心」的父親所犯下的性犯罪是最為殘酷的。每當媒體報導這類案件，大眾都會嚴厲譴責並唾口大罵：「真是個敗類！他還算是人嗎？連禽獸都不如！」

他們在外假扮成盡職盡責的父親，在家裡卻變成惡魔的樣子，將子女當作性奴隸。一個家庭裡，如果出現這樣的父親，該有多可怕？

所有的電子腳鐐佩戴者中，以子女為性侵對象的性犯罪者最令人難以面對，因為「父母性侵子女」的這個事實無法令人接受。

親屬加害的性犯罪不容易被發現，因為年幼的子女通常認為「畢竟是父親，如果說出來，就沒有地方可去了」，因而不敢向外界透露，長時間忍受身體與精神上的痛苦。

父母身為監護人，為何會性侵如同自己心頭肉的子女？是天生的嗎？雖然原因不明，但顯著的共通點是「夫妻關係不融洽」。如果丈夫因為貧窮、酗酒、暴力、性格差異等原因與妻子離異，洩憤對象就會落到子女的身上。兒子是施予拳腳暴力的對象，女兒則是性暴力的對象。

我所管理的親屬性犯罪者，都無法從外表上看出來，甚至在公司裡被認為是溫順的人，或被鄰居認為是親切的人，完全看不出來如媒體報導般獸父的一面。然而，他們卻比任何人還要殘忍地性侵子女。此外，具有親戚關係的叔叔、姑丈、堂表兄弟性侵姪女、外甥女或堂表姊妹的事情也屢見不鮮。親屬所犯的性犯罪至今依然是十分常見的犯罪類型，只是往往沒有被揭發出來。

A離婚後，獨自撫養12歲的女兒。某年夏天，A看到獨自在房間裡睡覺的女兒，突然產生性慾，於是上前撫摸女兒的胸部與臀部。女兒大喊「住手！」而A也被自己的行為嚇到，離開了房間。但同年秋天，A喝酒後回到家中，再次進入女兒的房間，撫摸正在睡覺的女兒的身體，進行猥褻，並且壓制大力反抗的女兒，強姦得逞。

親屬犯下的性暴力是很殘酷的，因為這會殘害子女的精神健康。我們如何才能杜絕家庭中的性暴力？最根本的方法在於進行社會教育及關心。孩子不應該理所當然地被父母虐待，而應該知道此為不當的行為，並且應該懂得如何向兒童機構或警方舉報。我們應該告訴孩子，如果在家中得不到保護，國家也能給予保護。此外，鄰居、社工、機構人員、教師、醫生都應該關心孩子。如果察覺到任何可疑之處，就應該進行舉報，以保障孩子的安全。法律上規定，如果小孩因為受傷而就醫，身上出現疑似被虐的瘀血或骨折，醫生應該報警。我們的關心可以拯救在家庭裡得不到關愛的孩子，並杜絕持續發生的性犯罪。

05 對人親切

我所管理的性犯罪前科犯中，有非常親切的人，總是面帶微笑地向人打招呼或握手致意。他親切而有禮貌，讓人難以相信他曾經犯下殘忍的性犯罪。事實上，多數佩戴電子腳鐐的性犯罪者都害怕自己的犯罪事實被鄰居知道，而不喜歡我在沒有事先知會的情況下拜訪他們。不過，即使我在很晚的時間突然上門拜訪，他也會笑著問「這麼晚了，怎麼突然來？」他不僅在職場上累積了好名聲，對保護觀察官也很親切。

但是，我絕對不信任這樣的人。很久以前，有一名管理對象先是對我表現出很親切的樣子，讓我卸下心防，後來又殘忍地再犯。從此以後，我便將他們親切的外表視為用來掩飾自身罪行的一道面具。

他們的友善會招來別人的好感，所以很危險。沒有人不喜歡親切的人。但如果對方是性犯罪者，情況就不同了。他們會以親切為武器，輕輕鬆鬆就接近女性。即使是長得凶狠的人，只要為人親切，很快就可以得到別人的好感。這種人經常邀約職場中關係較好的女性一起喝酒，在對方的酒中偷偷摻入安眠藥，再試圖性侵對方。

毫無理由就對你親切的人，都必須小心。對待你比十年以上的好友更親切的人，大部分都另有目的。就像生意人為了賣出產品而展現親切的態度，性犯罪者也是如此，他們會為了欺騙女性而以親切為武器。

A正在等公車，準備上學。這時，B開車停在A的面前，表示願意送A到學校。由於B是社區裡以親切出名的叔叔，與A的父母也認識，也曾開車載過A，因此A毫無疑心地上了車。然而，那天，B卻沒有開去學校，而是開到了荒郊野外。就這樣，A被認識很久的B性侵了。

面對親切的人，孩子是很脆弱的。假裝親切的性犯罪者會一步步地與孩子建立交情，接著在孩子順從自己的時候，引誘孩子到自己家裡，對其性侵，此即典型的「性誘拐」。

「親切」固然是好的特質，但我們必須知道，親切的背後可能隱藏著目的。性犯罪者會不擇手段，也許，他正以親切為武器，準備接近你或你的孩子。

PART 3

常見的性犯罪
應該如何應對

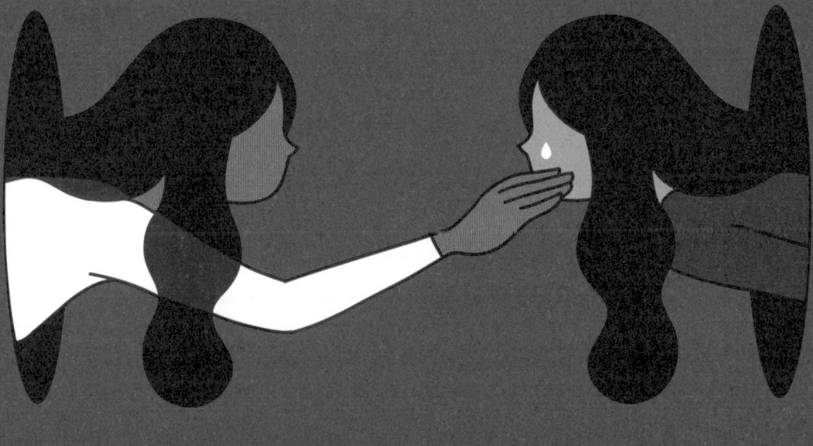

01 如果……你是獨居者

如果你是住在獨立套房裡的獨居者，請時時刻刻注意周圍，小心是否有人正準備對你下手。性犯罪者經常徘徊在住宅區，物色是否有獨居的女性或下班時間較晚的女性。

想像一下。在你睡得很安穩的時候，如果有人從沒鎖上的窗戶闖入你家，你能應對嗎？或者，睡著時卻有人正在一旁窺視著你，或是洗澡時聽到拍攝的聲音？這些並不是為了嚇唬你而編造的，實際上的舉報案例非常多。以獨居者為對象的犯罪案件從以前就十分常見，並不是這幾年才出現，然而為何一直沒有根除呢？

針對獨居者的性犯罪案件之中，最著名的事件為發生於水原市的「哈巴狗事件」。該名男子能夠攀爬瓦斯管線，像蜘蛛人一樣地爬上牆，開啟高樓住戶的窗戶並侵入到被害者的家中。

有些性犯罪者甚至會從浴室的窄小窗戶闖入，因為大部分獨立套房的浴室窗戶會設在走廊或建築物外面。你可能會納悶「怎麼可能有人會從那麼小的窗戶進來？」但是，體格較小或瘦的人的確辦得到。

有些性犯罪者會盯上經常亮燈的二樓。他們會先站在建築物外面一邊抽菸一邊緊盯，接著在熄燈後，攀爬瓦斯管線，從未鎖上的窗戶闖入。

有人可能會說：「我家有防盜窗，不會有事的。」但是，防盜窗也不安全，因為成年男性用力的話，很容易掰彎或拆開，性犯罪者大多都知道這個事實。如果拆不開，也會大膽地用其他裝備破壞。像這樣，盯上獨居者的性犯罪者通常很有計畫且心思縝密。

性犯罪者D發現了一名酒醉的女性，悄悄尾隨在後，卻以一步之差，在門前錯過時機，因此趕緊走到外面，凝視著建築物的外牆。很快地，二樓的某一扇窗戶亮起了燈。接著，D等到該女性一熄燈，就順著瓦斯管線攀爬上去，打開窗戶闖入，並拿起流理台上的菜刀進行威脅、勒索與強姦。

性犯罪者B徘徊於住宅區，正在試探是否有住家的門窗未鎖上。他偶然發現了某戶住家的大門敞開。他先是走到窗邊，確認裡面的女性是獨自在家，接著直接從大門闖入，勒住女性的脖子，使其不能動彈，並試圖性侵對方

對於獨居者而言，這是非常可怕的事情。但是，要預防侵入住宅的犯罪，就必須從日常習慣著手。接著一起來看看有何解決辦法。

方法1　鎖門是基本

大部分的性犯罪者都以沒鎖門的房子為目標，因為太容易侵入了。因此，只要關好大門與窗戶，就能夠防止性犯罪者侵入住家。住在高樓的獨居者也不要掉以輕心，因為很多侵入住宅的性犯罪者體能出眾，只要有瓦斯管線或牆壁縫隙，他們很輕易就能夠爬上樓。

夏季時，有內部走廊的公寓住戶也要小心。很多人沒有警覺心，經常因為天氣炎熱而將大門敞開，但這是很危險的行為。鎖門是一項很重要的習慣。回到家後、睡覺之前，一定要確認門都已經鎖上。

方法2　定期檢查門窗的鎖

性犯罪者強行打開門後闖入的情況很少見，但你我不該因此掉以輕心，應該隨時檢查門窗的鎖、密碼鎖的按鈕是否磨損、指紋是否過於明顯、門窗是否用力一拉就會打開。此外，也建議你裝上防盜窗。熟練的竊盜犯可以在一分鐘內將一般窗戶拆開。

最近，也出現了雙層鎖或指紋鎖，以及從外側無法打開的窗戶專用鎖。只要在門窗的鎖上稍加留意，就能夠防止犯罪者侵入。

方法3 **保持疑心**

為了安全，你應該保持良好的小習慣以保護自己。如果使用密碼鎖，便應該定時更換密碼。還有，經常確認窗戶是否關好，並且準備防身用品。此外，回家後，應確認物品是否都在原處，以及是否有外人侵入過的痕跡，這也是一種方法。你可能會想「真的需要做到這種程度嗎？」但的確應該如此。愈是小心謹慎，你就愈安全。

住家是讓你好好休息、充電的寶貴空間，不要讓任何人侵入你的堡壘。事先預防是唯一的辦法。

02 如果……你必須獨自晚歸

最近出現一則監視器影片，使人意識到性犯罪的嚴重性。有一名男子尾隨獨自回家的女性，試圖侵入她的家中未遂，被稱為「新林洞事件」。影片中，男子因為些微差距而錯過了侵入時機，卻依然拽著門把，徘徊在周圍，不斷試圖侵入。

深夜徘徊於街頭、盯上落單女性的性犯罪者，是如何犯案的？

首先，他們很熟悉周邊環境，經常選擇暗巷、沒有監視器的偏僻區域、人煙稀少、難以向路人求助的地方、犯罪易發地帶、停車場等作為犯案地點。在這類地點，犯行很難被發現，被害者也很難向旁人求助，且經常找不到證據。

此外，看上去手無縛雞之力的女子、戴著耳機或專注使用手機而不注意周圍的女子、喝醉而意識不清的女子、穿著打扮看起來易於侵犯的女子等，都容易被性犯罪者盯上。當然，極度無法控制性慾的性犯罪者是不挑對象的。

確定犯罪對象後，他們會很有耐心地尾隨，然後用凶器威脅，讓對方恐懼，再將對方帶到偏僻地點性侵。如果對方有所反抗，他們會像真的要殺掉對方一樣地行使暴力，予以威嚇。

另一個絕不能掉以輕心的地方是「家門口」。有人會尾隨到家門口後再將對方帶到偏僻地點犯案，有人則是潛伏在家門口後再將被害者拖進屋內犯案。

午夜，正在回家路上的A偶然遇見一名喝醉且獨自晚歸的女子。雖然不是事先計劃好，但他突然產生性慾，決定性侵那名女子。A一邊觀察周圍，一邊尾隨該名女子。他發現附近有個人煙稀少的公園後，便從後方掐住女子的脖子，威脅道：「如果妳大喊，我就殺了妳。」女子被A勒住脖子，無法反抗，直接被A拖到公園裡。女子試圖逃跑，A因此感到很憤怒，多次用拳頭毆打女子的頭部，並且性侵得逞。

女子H加班後，正在下班的路上。H的住處附近燈光明亮，而且路邊有監視器，所以她並不害怕。她走到家門口，準備按大門密碼時，突然有人用手捂住她的嘴，說：「安靜點，不然我隨時可以殺了妳。」H因為深陷恐懼，無法逃脫，直接被帶到停車場性侵。每當她想逃跑，都會遭到毆打，完全束手無策。

女高中生C結束晚自習後，正在回家的路上。雖然是深夜，但因為是每天都會走的路，所以並不覺得可怕。C一如往常地戴著耳機，邊走路邊玩手機。但就在一瞬間，有人突然將手放在她的肩上。此前，C完全沒有察覺到任何動靜，因此嚇了一跳，全身僵住。回頭一看，她才鬆了一口氣。原來，她的爸爸因為擔心女兒的安危，所以過來接她。

C的故事實在是萬幸。但是，夜晚走在路上卻不留意周遭，是非常危險的。女性只要獨自晚歸，就可能成為犯罪的被害者。雖然很令人悲傷，但這是生活在韓國的現實。沒有人保護你，你就得自己保護自己。以下是預防自己在走回家的路上淪為被害者的辦法。

方法1 小心智慧型裝置所帶來的危險

自從有了智慧型裝置，我們過上非常便利的生活，能夠快速獲得想要的資訊，在任何無聊的時刻找尋樂子。但是，請你晚上走在路上的時候，克制自己不去做這樣的事。戴著耳機走路是非常危險的事情，因為你無法感受到周圍的任何動靜。一邊走路、一邊與朋友講電話也很危險。晚上走回家的路上，最好對周圍保持警覺，並且快步移動。

方法2 熟悉你常走的路

你知道平時走的路上安裝了多少台監視器嗎？你應該至少熟悉一下常走的路，瞭解哪裡裝有監視器、哪裡的路燈比較亮、哪裡的人比較多。雖然監視器無法百分之百保障你的安全，但它可以提供多一隻眼睛。有些地方裝有通報鈴，只要在緊急情況時按鈴，就可以與地方政府人員對話。請熟悉你平時經常走的路，瞭解哪裡設有安全裝置，並且盡量走在人多又明亮的大馬路上。

方法3　準備好應付最壞的情況

你必須時時刻刻準備好應付最壞的情況。唯有事先模擬，才能在受到他人威脅時做出明智的應對。如果遇到性犯罪者，在陷入恐懼之前，你應該先大喊一聲，然後躲到人多的空間裡。初步的應對措施非常重要。此外，建議你隨身攜帶防身用品，以防身旁無人可以幫助你，例如防狼噴霧、電擊棒等。

你也可以善用政府提供的女性安心服務，或者利用性犯罪者e告示網，事先掌握周圍是否有性犯罪者的存在。

03 如果……陌生人請你幫忙

小時候，你可能聽過「要小心陌生人」、「別跟著陌生人走」這一類警告，聽得都快膩了，可見社會從以前開始就是險惡的。特別是對於女性而言，一直以來都很難放心地走在路上。然而，無論社會再怎麼險惡，假設有人慌慌張張地跑過來向你求助，你難道不應該幫助他嗎？

請銘記，如果你隨便答應幫助陌生人，反而可能陷入需要向人求助的境地。許多性犯罪者都很有計畫、心思縝密且無情，他們隨時都可能利用你的善心。

以求助的方式接近被害者的性犯罪者，手法都很多樣而且大膽。無論是對成年人、青少年或兒童，他們都會有計劃地接近。成年人至少懂得如何拒絕陌生人，但兒童與青少年卻不同。即便起初對於陌生人有所警戒，但只要對方持續請求幫助，往往最後都會打開心門。如果有一名老爺爺走過來說「那裡有個老奶奶摔倒了，你能過來幫我一下嗎？」他們往往會毫不猶豫地跟著對方走。兒童與青少年的判斷能力不足，只要見情況緊急，很容易就會被矇騙。

兒童只要聽到對方認識自己的父母，或住在同一棟公寓，或是會給自己買禮物，很容易就會相信對方。成人的話，很容易在聽到發生交通事故、火災、有人受傷時，輕易相信對方。此外，兒童獨自待在社區裡的遊樂場、學校操場、公園或空地時經常會被拐騙。成人則經常在住宅區、空屋或停車場附近的路上被拐騙。

性犯罪者A走在路上時，看見小女孩B獨自在遊樂場上玩耍。A走近之後，問B道：「小朋友，叔叔剛搬來這個公寓沒多久，還不熟悉，妳知道超市在哪裡嗎？」B雖然起了戒心，但又不好意思不理對方，便回答：「就在那邊的轉角處。」A說：「是嗎？叔叔還是不太清楚耶。妳帶我去到超市的話，叔叔給妳買好吃的，好不好？」接著將B帶上車，到人煙稀少的地方性侵了B。

H決定用求助的手法來性侵女性。他走向一名獨自走在路上的女子，對她說：「請妳幫幫我！那邊有人跌倒了，我想扶他起來，請過來幫我！」女子因為著急，毫無疑心地跟著H走，但她看到空地後就停下了腳步。然而，H已經從口袋裡掏出凶器威脅對方，接著性侵得逞。由於對方持有凶器，女子從頭到尾都沒辦法呼救。

我們該如何預防這種利用善心的性犯罪？事實上，如果不親眼看一看，你無法知道是否真的有人需要幫助。那麼，一起來看看有何解決辦法。

方法1　讓孩子知道他沒有義務幫助大人

孩子很難拒絕大人的請求。如果是看起來很緊急或與父母有關的事情，孩子更會因驚慌而毫無疑問地相信。即使是平時較多疑的孩子，在聽到有人需要幫助時，也往往會跟隨對方而去。

但是，我們要明確地告訴孩子，他沒有義務為大人做任何事情，也不可能有大人會因為不知道路怎麼走就要求孩子陪同。此外，要讓孩子知道，當對方說「一起去的話，我會送你禮物」，這種交換利益式的請求是非常危險的。

有人問路時，用手指路是可以的，但千萬不能跟著對方走。如果遇到陌生人告知與父母有關的事，一定要先打電話與父母聯絡。除了父母以外，也要讓孩子知道他可以信任的第三個聯絡人。

方法2 報警也算是幫助對方

出乎意料的是，成年人也很容易上當。如果聽到有人跌倒，很多成年人也會變得著急而跟隨對方而去。如果對方是來誘騙你，他通常不會給你時間去報警。如果你跟著對方過去，卻看不到他所說的那個需要幫助的人，就必須立刻停下來，並且離開。

如果對方在人煙稀少的地方向你求助，請馬上拿起手機報警。如果對方看起來真的非常需要幫助且情況緊急，你可以召集周圍的人一起行動，畢竟兩個人總比一個人強。

利用他人善心的性犯罪者，經常對心思單純的孩子虎視眈眈。建議你與孩子一起演練，當有人前來請求協助，聲稱有人跌倒或受傷，應該如何應對。你可以模擬許多不同情況，像遊戲一樣進行。不應該只是嘴上告誡，而是要像演戲一樣，親自嘗試一遍，才能夠在真正處於危險時明智地應對。聰明的性犯罪者隨時都可能盯上你與你的孩子。

04 如果……抱著狗的男子向你搭話

走在路上，有一種東西會融化人心：寵物。其中，小狗是很多人喜歡且熟悉的寵物。在成人的眼裡是如此，對孩子而言，小狗更是一種多麼可愛、很想撫摸的動物。但是，我們要特別小心小狗的主人，特別是抱著小狗的男人。

事實上，利用小狗進行性犯罪是一種典型手法。這是許多誘拐犯引誘孩子時所使用的方法，至今依然行得通，在當今這個有許多人養寵物的社會裡更是如此。

不知道是否因為人們普遍認為「養寵物的人是好人」，不僅是孩子，連成人也會對於帶著小狗的人放下戒心。如果一個抱著小狗的男子說：「你想跟我們家的狗狗一起玩嗎？」很多人會回答：「真的可以嗎？」可見，小狗一種是很容易用來接近人的工具。

會主動對小狗表露出關心的人，就是這類犯罪者的頭號對象。如果有成年人湊上來，他會問：「你也喜歡小狗嗎？」接著自然而然地邀請對方一起吃飯或喝酒；如果對方是兒童，他會誘拐道：「要不要一起去附近的空地玩？」接著犯案。

A最近領養了一隻小狗，每天都去公園遛狗，發現很多人都對小狗感到興趣，不禁心生邪念。某日，A看見小女孩B在遊樂場上玩，因此刻意牽著小狗走近。果不其然，B問A：「叔叔，我可以摸摸看你的小狗嗎？」A便誘拐道：「妳喜歡小狗嗎？要不要一起去旁邊的公園玩？」兩人走到人煙稀少的公園後，A讓B摸小狗，接著便試圖性侵B。

J與K是朋友，兩人都知道，帶著小狗出門的話，女性大多會降低警覺，於是共謀利用小狗來誘拐女性。J帶著小狗出門後，一名女子走了過來，J便問：「妳也喜歡小狗嗎？很可愛對吧？」接著邀請女子在附近吃飯。由於J看起來並不討人厭，因此女子欣然接受。但用餐時，J將事先準備好的安眠藥摻入飲料中，讓女子喝下。女子暈倒後，J開車將她載到郊外，最後與K一起強暴該名女子。

這種利用小狗而犯下的性犯罪是很典型的手法，你我該如何應對？其實，以前，主人大多將小狗視為自己的所有物；但現在，主人會將小狗視為自己的家人。因此，請各位將小狗視為主人的家人，不要隨意觸摸。亦即，要對寵物保持禮貌，以及對陌生人保持警戒，這樣就可以預防遭受性犯罪。以下是詳細的解決辦法。

方法1　不隨意觸摸小狗

每當有人帶著小狗，問：「要不要摸摸看？」孩子大多會好奇地伸手觸摸。雖然有些孩子會直接逃走，但有許多孩子會積極嘗試。但是，請務必教育子女，觸摸陌生人的東西或寵物是一種不禮貌的行為。

父母也應該盡可能不在路上看到小狗就說「哎呀！真可愛」並隨意上前觸摸，因為孩子容易做出與父母相同的行為。請教導孩子，不要隨意觸摸他人的寵物，並且特別提防利用小狗吸引你注意的人。

方法2　小心寵物的主人

性犯罪者會特別注意到兒童或女性對於小狗的好奇，然後利用小狗搭話，拉近距離。但請千萬小心，他們會在拉近距離後，製造機會與你一同用餐，然後在用餐時讓你喝下摻入藥物的飲料，使你失去意識並性侵；或者利用小狗，將你誘拐到偏僻的地方。我再強調一次，他們會不擇手段地接近女性，小狗只不過是他們用來誘拐你的一個誘餌。

小狗是很可愛又討人喜歡，我也喜歡《動物農場》之類的節目，所以我很瞭解喜歡小狗的心態是如何。但是，請不要以為養小狗的人就是品行端正的人。如果你在路上看見落單的孩子正在觸摸他人的小狗，也請多加留意，每個大人都有義務保護孩子。

05 如果……散發酒氣的男子在你附近

韓國是一個不喝酒就很難討論事情的國家。人們常說，無論是什麼問題，關鍵都在於「酒」。適量飲酒的話當然沒關係，但問題就在於，酒會愈喝愈多，最終釀成事故。倘若沒有酒的存在，韓國是否就會變成一個安全的國家？倘若人人喝酒都不會醉，這個社會是否從此就沒有犯罪？連《聖經》都寫道：「不要醉酒。」

無法控制飲酒習慣的人會不斷地犯錯，戒不了酒最終染上酒癮。連一般人都會因為無法戒酒而犯錯，那麼，性犯罪者又是如何？實際上，如果仔細觀察性犯罪者的生活，會發現他們的生活離不開酒。我管理的其中一個對象是一喝酒就一定要去KTV的人。他平時都正常工作，談話時也很親切，看起來很適應社會生活，但是，他一喝酒就會變得十分暴戾，開始發酒瘋，並且顯露出他身為一個性犯罪者的真實模樣，不斷調戲與騷擾KTV的服務生或路過的女性。也就是說，他平時都表現正常，但一喝酒就會對女性犯下罪行。

很多人喝酒後都會性情大變，有前科的罪犯就更不用說了。如果你的身邊出現散發酒氣的男子，請千萬小心，他可能是性犯罪者，並且盯上了你。

韓國人的飲酒習慣是個很大的問題。許多喝酒的人不僅會犯下性犯罪，還會犯下酒駕、家暴、損壞公物、殺人等多種罪行。喝酒之後犯下性犯罪是個問題，酒被當作犯罪工具也是個問題。有人會給女性灌酒，有人會在酒裡下藥。而且，令人悲傷的是，喝酒所引發的性暴力，在未成年人的身上也經常發生。從國高中生到小學生都有，被害者的年齡不斷呈現下降的趨勢。

即使未與性犯罪者一同喝酒，只要你喝醉之後走路搖搖晃晃或使用男女共用廁所，依然有可能淪為被害者。喝酒所引發的性犯罪非常常見。

如果你是容易過量飲酒的人，請務必控制自己只喝到一定程度。不久前，韓國就發生了藝人在自己的住處內給女性工作人員灌酒並性侵的事件。這種事情也可能會發生在你的身上。

A與B是同事，最近因為頻繁加班，關係迅速變好。後來，A對B產生了強烈的性慾，決定找機會性侵對方。某日，兩人加班到深夜，A向B提議喝杯酒後再回家，B雖然有點疲憊，但欣然接受了。就這樣，兩人在深夜時段一起去喝酒。B去洗手間時，A在B的酒裡摻入安眠藥「佐沛眠」。B完全不知道自己的酒被下藥，想說是最後一杯，一飲而盡之後，很快就失去意識。

C在大學路附近的酒吧和朋友一起喝酒，突然產生了性慾。於是，他決定隨機強暴一個路人。他躲到男女共用廁所的樓梯下。幾分鐘後，有一名女子獨自走進廁所，C立即將門鎖上，試圖性侵對方。C因為害怕女子大喊大叫，不停毆打對方臉部，使其無法抗拒。

喝酒所導致的性犯罪有兩種型態；一是自己喝酒之後產生性慾而犯罪，二是將對方灌酒之後犯罪。無論是哪一種，都不可原諒。我以上面的事件為背景，提出幾個解決辦法。

方法1 男女共用廁所的注意事項

女性最好是使用女廁。但如果條件不允許，請盡可能結伴同行。性犯罪者覬覦的是落單的女性，因此，只要有兩人以上，就不會淪為被害者，因為容易出現變數。

有些犯罪者會尾隨女性進入廁所，有些犯罪者會事先躲在廁所裡面，等待女性走進。因此，進去之前，最好先確認一下是否有人躲在裡面，特別是放置清潔用品的隔間或偏僻角落處。女性很難單憑力量贏過身體強壯的男性，因此務必時時保持警覺。

方法2 不要一對一與男性喝酒

事實上，不喝酒是最好的辦法。但如果做不到，也盡量不要一對一與男性喝酒。雖然這可能不容易實行，但建議你最好確立自己的原則。

如果是跟男性朋友一對一喝酒，只要適量即可。如果是有好感的對象，與其邊喝酒邊聊天，在沒有喝酒的狀態下互動不是更好嗎？如果是公司主管或同事，在公共場合談論工作才恰當。如果是應酬場合，兩個人以上才更安全。

06 如果……你必須行經空屋的周邊

晚上經過空屋或工地，總令人感覺很陰森。如果行經空屋、廢棄屋、工地，請保持警覺，因為性犯罪者經常盯上無意間路過這類場所的女性。

空屋或廢棄屋屬於犯罪易發地點，也是警察巡邏的重點場所。不僅是性犯罪，各種暴力、毒品等犯罪的發生率也很高。但是，很多人不知道這些事實，在路過時毫無警覺心。而且，如果原本就住在比較偏僻的地區，或者自己從小生活的地方本來就存在閒置已久的空屋，更容易失去戒心。

性犯罪者經常在空屋附近性侵女性，理由很簡單：人煙稀少，即使犯罪也不必擔心會被發現，被害者也不容易向旁人尋求協助。因此，性犯罪者經常躲在空屋附近，綁架並性侵無意間路過的女性。

但是，即使在市區裡，我們也不應該掉以輕心，特別是正在施工的地點或住宅區，一直都是性犯罪經常發生的地方。

性犯罪者A決定對深夜獨自路過人煙稀少處的女性下手，他選擇的犯案地點是都市更新地區的旅館附近。恰巧有一名女性獨自路過時，A用凶器威脅她，並且帶她到旅館內，搶劫與性侵得逞。

B結束晚自習後，正準備回家。她走到工地附近時，突然有一名男子將凶器抵在她的脖子上，威脅道：「大叫的話，我就殺了妳。」B沒有反抗的餘地，直接被帶到工地，慘遭性侵。

性犯罪很可怕，不只因為它是性犯罪，還因為性犯罪經常伴隨暴力、囚禁、搶劫、殺人等其他犯罪行為。只要行經空屋或工地，你就可能遇上性犯罪且束手無策。那麼，我們究竟該如何預防？

方法1 即使路程較長，也盡量走比較安全的路

有一條人煙稀少的路是你回家的最快捷徑，你一直都是走那條路，而且目前為止都沒發生過什麼事情。但是，犯罪是毫無理由、突如其來的。如果有另一條路程較長卻更安全的路，建議你改走那一條。盡量選擇人多的大馬路、警察經常巡邏或有派出所的路、有監視器的路、燈火通明的路。就算路上只有幾家商店亮燈，也會讓性犯罪者有所顧忌。

方法2 如果不得不路過的話

如果你不得不路過上述地點，請向家人求助，有人接應或陪同會更加安全。兩名女子結伴同行，或者請父親或弟弟等男性與你同行，都是一種辦法。如果沒有人能來接你，請不要都在固定時間回家。如果你經常在相同時間回家，很容易淪為犯罪者下手的對象。

方法3 善加利用警察巡邏服務

為了人民的安全，警察可接受巡邏申請，直接到當地警察機關（單位）或上網申請即可。事實上，只要警察多次巡邏，當地的犯罪率就會降低。

國家能夠提供穩固的安全防護網是最好的，但每個人還是要時時提高警覺。請經常保持警覺、警覺、再警覺。我希望每個人都能夠過上安全又幸福的生活。

07 如果……你在大眾交通工具上遇到色狼

大部分的性犯罪者會選擇沒有人的地方作為犯罪場所，但也有一些性犯罪者不是這樣做，而是喜歡將自己的性器官摩擦他人，藉此獲得快感，稱為「摩擦癖」。

摩擦癖的患者擁有倒錯的性慾，他們喜歡透過反常、非合意的行為來感受快感。除了摩擦癖以外，露陰癖、窺淫癖、戀物癖也屬於性慾倒錯的範疇。他們會看著犯罪對象，發揮幻想與想像力，反覆進行變態行為。而且，他們會在受到某種刺激後，性情大變，衝動到無法控制自己。

摩擦癖患者喜歡出現在人潮眾多的地方，因為他們可以盡情地行動，特別是上下班時間，擁擠的大眾交通工具上是他們的最佳犯罪場所。

所謂摩擦癖，不一定是將性器官摩擦在女性的身體上才會得到快感，也可能是一邊凝視著女性一邊將性器官摩擦在某個物體上，或者追逐逃跑的女性，從而獲得快感。不過，如果患者因為突發狀況而享受不到極度的快感，他們就會做出危險行為。

女高中生A搭乘地鐵的末班車，正準備回家。因為是末班車，車上只有少數幾個人，而且每過一站就有一、兩個人下車。A在車上打盹時，突然感覺有人將手伸進自己的裙子裡，因此嚇醒，結果發現是B趁車廂裡都沒有人的時候靠了過來。A一邊大喊，一邊逃到隔壁車廂，其他乘客則協助擊退追上來的B。

為了犯案，摩擦癖患者B在下班時段搭上公車。他擠進人群後，開始將性器官摩擦在一名獨自站著的女子身上。受驚嚇的女子開始大喊，她要求司機停車後，立即下車。但是，B窮追不捨，他跟著下車後，一邊看著該名女子，一邊將性器官摩擦在公車站的柱子上，開始自慰。

我們該如何預防這種惡劣的變態性犯罪？如果預防不了，又該如何應對與脫身？以下是解決辦法。

方法1　選擇人多的車廂

首先，摩擦癖患者以外的大多數性犯罪者都偏好無人的地方，在目標周圍沒人時悄悄靠近並且犯案，就像竊盜犯會在其他人看不到的地方偷東西。如果你在沒有其他人的地方被害，會因此很難找到目擊證人，也很難向旁人求助。所以乘坐大眾交通工具時，無論如何都應該選擇人多的車廂。

方法2　如果人非常多

上下班時段的大眾交通工具上，由於人潮眾多，難免會貼近他人的身體。這時，請用包包保護身體的重要部位。如果你看見有人被非禮，請拍下照片作為證據，主動舉發，並告訴周圍的人。近來，還可以透過簡訊向警局報案。

方法3 小心刻意靠近你的人

搭乘大眾交通工具時經常要排隊。這時，如果有人刻意走到你的後面，請務必小心。實際上，性犯罪者經常趁著排隊時靠近你，並且在開門的那一瞬間貼上你的身體，藉此犯案。因此，排隊時，要時時刻刻小心周圍的人。如果你有身體部位會接觸到他人，請用包包隔著。

上下班時段的大眾交通工具是許多性慾倒錯者的最佳犯罪場所。因為是在人多的地方，針對不特定的人犯案，所以請主動向周圍的人告知犯罪事實並報警，才能夠抓到對方。這一切都有賴人們的積極關注與舉報。

08 暴露狂是危險人物

電影或電視劇裡，有男子會穿著風衣，突然在女學生的面前掀開衣服，展現自己的性器官。女學生往往不是一邊尖叫一邊逃跑，就是說「哎，看起來不怎麼樣嘛！」讓對方感到難堪。

此即俗稱「暴露狂」的露陰癖患者，有些女性在求學時期可能在路上遇過。這種人經常在電影或電視劇裡出現，可見真實案例不在少數。但是，請不要把他們當成笑話看，因為你也可能受害。他們是性犯罪者，而且是具有潛在衝動的性倒錯症患者。

我所遇過的露陰癖患者不一定都會穿著風衣，但他們都會突然暴露自己的性器官，在被害者面前晃來晃去或自慰，藉此獲得快感。也就是說，他們會藉由公開的淫亂行為來獲得性方面的快感。

有人會反問：「又不是對身體造成直接傷害，暴露性器官究竟危險何在？」或許因為這類事件很常見，所以會認為沒什麼大不了。然而，對目擊者而言，卻不是如此，特別是兒童與青少年會受到嚴重的精神打擊，甚至日常生活也受到影響，陷入生活疲乏。兒童的話，無論男女都會受到衝擊。

露陰癖患者不一定只在人多的地方犯案，有時也會在人煙稀少的巷子、空地、停車場等地點犯案，有些人還特別對於校服等特定服裝抱有執著。此外，由於這種行為具有成癮性，只要犯案過一次，有20～50％的人會再犯。

這些人真正危險的原因是，如果他們產生極強烈的性慾，就會不停地尾隨女性。露出性器官後，如果女性逃跑，他們會不斷地追，一邊幻想，甚至性侵對方。這些人絕對不是影劇所刻畫出來的搞笑人物，他們是性犯罪者及性倒錯症患者。有些名人或政治人物就曾經在大街上暴露自己的性器官而被捕。露陰癖是一種很難自我掌控的精神障礙。

上班族A正在等公車。一名穿著校服的女高中生走近時，他突然產生性慾，視線一直離不開女高中生的裙子。於是，他走到女高中生面前，突然開始自慰。女高中生嚇了一跳，一邊大喊一邊逃跑。但A為了達到目的，繼續追了上去。但由於附近的人愈來愈多，最後他只能躲到巷子裡。

B在深夜時走到便利商店，正巧看見一名女子走進一條陰暗小巷。他突然產生衝動，立刻尾隨女子走進巷內，開始自慰。女子看見這一幕嚇了一跳，立刻逃走。由於B還沒獲得足夠的快感，他一直追到女子的住家門口，糾纏了好一陣子。女子拚命地關上門，最後B只好放棄並且離開。

讀到這裡，你的想法是什麼？對於上述案例，你是否感到震撼？這類型的性犯罪者不僅會讓人受到精神上的打擊，嚴重時，甚至會性侵對方。那麼，我們應該如何預防？

方法1　躲到人多的地方

如果露陰癖患者突然在你面前露出性器官，不要驚慌，先躲到人多的地方，再向警方報案。千萬不要像電視劇裡那樣嘲笑或謾罵對方，因為他受到刺激後可能會行使暴力。最好的辦法是，盡可能立即躲到人多的地方。

方法2　如果家中有露陰癖患者

請他盡快接受治療。露陰癖主要出現於男性的青少年時期，一旦發病，就會長期持續。如果達到本人無法自控的程度，可能會患上神經衰弱，或無法過上正常的社會生活。如果會因為暴露陰部而產生性幻想、感到興奮，且這樣的狀態持續六個月以上，就應該考慮接受心理治療或藥物治療。

09 小心不請自來的訪客

當你獨自在家，突然有人上門，聲稱自己是警察，你可能會自然而然地想：「發生什麼事了嗎？」而立即開門。但是，請千萬不要貿然開門，因為對方可能不是真的警察，而是知道你獨自在家而找上門的性犯罪者。身在家裡，並不代表你就是安全的。替身分不明的人開門是非常危險的行為。

性犯罪者會冒充什麼人？根據統計結果，他們大多選擇冒充大眾信賴或熟悉的職業人士，例如經常上門按鈴的快遞員、抄表員、修理師傅、社工或刑警等。特別是面對刑警，我們通常會擔心家人是否發生了意外，而立刻開門。但是，面對任何身分不明、不請自來、自稱公務員的人，你都應該保持警戒。

B正在住宅區裡徘徊，準備性侵獨自在家的女子。他盯上某個目標後，上前敲門，說「我是〇〇警察局的重案組刑警〇〇〇，請幫我開一下門。」女子嚇了一跳，問「你是誰？」B重複道：「我是〇〇警察局的重案組刑警〇〇〇，要調查幾天前社區裡發生的事情。」聽了這段話後，女子毫無疑心地打開門。B看了看裡面，問：「妳家都沒人嗎？」女子答：「是的，現在只有我一個人。請問是什麼事？」B立刻性情大變，將門鎖上並性侵對方。

A正徘徊於公寓內，尋找犯罪目標。他看見一名獨自回家的女學生，默默地尾隨在後。女學生一進屋，A就按下門鈴。女學生問：「請問是哪位？」A回：「我來檢查水表。」女學生便毫無疑心地說：「好的，請等一下。」並打開門。A看了看裡面，問女學生是否獨自在家。女學生說：「我爸媽還沒下班，我等一下要去補習班。」A確認女學生的家中沒有其他人之後，便將女學生強行帶到房間裡性侵。

冒充公務員的性犯罪者通常很大膽而且細心，但我們不能被這種惡劣的手法矇蔽。下面是針對這類性犯罪者的解決辦法。

方法1 孩子獨自在家很危險

孩子獨自在家很危險。但如果不得不，請告訴孩子，無論任何人來，都不要開門。而且，很多都是熟人犯案，所以就算是鄰居，也不要替他開門。

另外，請教孩子回答「父母不在家，請之後再來吧」，接著打電話告訴父母有人來訪。事實上，所有來訪的人應該都是要找大人，不可能是要找孩子。如果是快遞員，就請對方將包裹放在門口後離開。如果是必須開門的情況，孩子一定要先打電話向父母確認。不過，沒有什麼事情是非得孩子立刻開門的。

方法2 學會辨認冒充的公務員

如果對方說他是公務員，很多人都會毫無疑心地打開門，尤其當對方自稱是刑警、調查員、地方政府人員或人口調查員的時候。但是，你應該保持懷疑。公務員證件很容易偽造，身分也可能只是個謊言。請務必致電給相關政府機構，進行確認。雖然很麻煩，但為了自己的安全，這是必要的步驟。真正的公務員不會對此感到不高興，冒充的人則會驚慌地逃跑。

冒充者通常花言巧語、謊話連篇，而且進屋後會仔細觀察有沒有其他人、有沒有可能用作證據的東西，可以說是「智慧型犯罪者」。

因此，務必小心不請自來的人，詳細確認對方的身分。一旦你開門，他們就會露出窮凶惡極的真面目。

10 如果……補習班老師是性犯罪者

如果你的孩子正在上補習班，除了關心他的課業以外，也要小心他的安全。令人傷心的是，孩子一旦離開父母的視線，就可能遭受性犯罪。平常笑臉面對孩子、教導孩子課業的補習班老師，也有可能是性犯罪者，這是非常可怕的事情。你可能會認為，宛如自己心頭肉的孩子被平時信賴的老師性侵，聽起來是很不像話的事情。但是，我曾經看過、管理過許多對兒童下毒手的補習班人員。對那些教育圈裡的性犯罪者而言，兒童是性對象。

補習班是孩子認真學習、互相競爭、追求夢想的地方，步調甚至比大人的生活更快。問題是，有些補習班老師只想著「性」，而不是教育。與孩子產生大量肢體接觸的學科補習班裡，例如武術、體操、游泳等，性犯罪的發生率特別高，而且是在孩子無法察覺的時候發生。

犯罪者一開始通常以安全為由，碰觸孩子的身體，藉此獲得快感；或者，以矯正姿勢為由，觸摸孩子的臀部或胸部、將性器官摩擦在孩子的身上，或將舌頭伸進孩子的嘴裡。有些老師會先與孩子建立交情，再另外找機會把孩子叫過去並且犯案，即所謂的「性誘拐」。目前，還沒有任何經營補習班的性犯罪者被制裁過。究竟教育圈裡的性犯罪為何經常不為人知？

首先，孩子的年紀愈小，愈無法對於自己所遭遇的事情產生清楚的認知。而且，由於雙方之間通常先建立了信任，才發生性方面的接觸，所以孩子往往無法意識到自己被性侵，或者即使意識到了也無法向他人揭露。因此，至今仍有許多案件未獲解決。

在社區裡開設體育教室的B很擅長教導小孩，也因此而聞名。某日，B看到小學三年級的C獨自在教室裡玩球，半開玩笑道：「妳今天來得好早喔！是因為想念老師嗎？」C開朗地回：「嗯！」B突然產生性慾，假藉要幫C矯正姿勢，在地上鋪了墊子後，開始藉機撫摸C的身體，甚至以性器官去碰觸孩子的臀部。後來，B愈來愈大膽，對其他小孩也犯下同樣露骨的犯罪。數十名被害者出面揭發後，B終於被逮補。

開設補習班的C平日很有風度，而且很親切，因此很受女學生的歡迎。某日，C看上了女高中生D，他先透過聊天軟體，拉近與D的關係，接著露骨地表示他想發生性關係，且經常打電話給她。D感到不悅且拒絕了C，但C一直沒有罷手。某一天，C將D叫到辦公室，滿懷妄想地說：「妳知不知道我有多受歡迎？如果其他學生都知道我喜歡妳，應該會很討厭妳吧？」D感到害怕，準備逃離辦公室，但C一氣之下性侵得逞，並且威脅對方：「妳如果告訴別人這件事，一定會被霸凌。」但是，D回家後立刻告訴父母，並且向警方報案。

這種存在師生關係的教育圈性犯罪，該如何預防？請看下面的解決辦法，一起杜絕這類型的性犯罪。

方法1　要瞭解對方是什麼樣的人

你瞭解孩子的補習班老師嗎？如果你只將他們視為你繳交補習費時才需要碰面的人，就大錯特錯了。你可以信任對方，但你也應該知道對方到底是什麼樣的人。有些父母將孩子帶到補習班後就馬上離開，從未見過補習班的老師。但是，為了孩子的學習品質，父母應該經常與老師面談，並仔細觀察對方是什麼樣的人。不定期進行教學觀摩，也是一種方法。值得信賴的補習班並不會介意父母經常到訪或觀摩。此外，會產生肢體接觸的體育補習班更應該要留意，也一定要進行突擊拜訪。

方法2　教室裡要裝設監視器

請確認教室裡是否裝有正常運作中的監視器。有的監視器只是模型而已，有的監視器實際上是故障的。如果你發現孩子的身上出現異常的傷口、做出與平時不同的舉動，或者變得煩躁不安，你應該理直氣壯地要求調閱監視器畫面。孩子的安全絕對不可以輕忽。

方法3 培養孩子具有高自尊感

以前，大人經常教小孩「順從的孩子才是好孩子」，現在的教育不一樣，應該將小孩培養成能夠為自己發聲的人。高自尊感的孩子懂得清楚表達自己的意見、勇敢地講述被害事實，因為被害並不是自己的錯。

相反地，低自尊感的孩子會一直看別人的眼色，絕不會向家人透露自己被害的事實，因為他害怕受到責罰。對孩子而言，被性侵是非常大的打擊。請教導孩子正確的觀念：那並不是孩子的錯，而是大人對孩子犯下錯誤的行為。平時，大人應該多多與孩子溝通，彼此之間才不會有祕密。

以兒童為對象的性犯罪裡，許多案件的犯罪地點是在教育機構裡。其中，補習班是父母希望自己心愛的子女接受更好的教育，才送子女前去的。所以，父母一定要仔細確認補習班的設備狀況，並持續觀察老師。雖然父母通常都很信任老師，但如今，補習班的性犯罪案件日益增加，父母應該再三確認子女的老師是否真正值得信賴。

PART 4

特殊的性犯罪應該如何應對

01 他會……不停灌你酒

利用酒所犯下的性犯罪案例多不勝數。實際上，多數的性犯罪者都是本人喝酒後犯案，或是對女性灌酒後犯案。「酒」是性犯罪者最喜歡利用的犯罪工具。一旦他們找到犯罪對象，就會想辦法給對方喝酒。無論是初次見面的女性、已經認識的女性，還是老人、小孩，都可能淪為目標。

最常被性犯罪者盯上的犯罪對象是未成年人。兒童與青少年只要喝少量的酒就可能致死，特別脆弱，從沒喝過酒的兒童更是如此。

面對這種利用酒來犯案的性犯罪手法，成年人同樣束手無策。性犯罪者會不擇手段，在酒中下藥的案例更是屢見不鮮。下了藥的酒，只要喝一點點，就會失去意識或無法控制身體。而且，迷姦水那種新型毒品很難留下證據。

那麼，性犯罪者都在什麼地方犯案？利用酒所犯下的性犯罪不一定都發生在酒吧或娛樂場所，因為性犯罪者的重點並不是「酒」，而是「女性」。所以，只要是「可以單獨一對一喝酒的地方」或「沒有人的地方」都可以，而同時滿足這兩項條件的場所就是旅館。性犯罪者通常會選擇大門口沒有裝設監視器的旅館；如果設有監視器，也會盡可能假裝與被害者是情侶。

許多性犯罪者也會誘拐被害者到自家住處。這種案例通常是熟人犯案，他們會邀請別人到自己家裡開派對，進而犯案。朋友、認識的人、同事、有好感的人，都可能成為被害者。性犯罪者一開始或許會甜言蜜語一番，但如果狀況無法如他所願，便可能性情大變，強押或囚禁對方，而且犯罪現場經常慘不忍睹。

離家出走的青少年B無處可去，因此決定到交友軟體上認識的人的家裡借住一晚。B開設聊天室後，立刻有一名男子進來，表示他會提供食物和零用錢，並且邀B過去他家。但是，B一到他家，就被囚禁與性侵。

在生產線上班的H每天晚上都加班，後來自然而然與同事J變得親近。某日，兩人相約在加班後一起去吃早餐。因為是凌晨，還沒有餐廳開門，所以兩人到便利商店簡單吃了早餐後，開始喝啤酒。但是，H別有居心，他趁J暫時離開時，在J的酒裡加了安眠藥「佐沛眠」，還多次勸J多喝幾口，使J失去意識。隨後，他將J帶回自己的家，對其性侵。

利用酒而犯下的性犯罪，手法非常多樣，被害者的年齡層也很廣，成年人與未成年人都可能被害。那麼，我們應該如何預防這類利用酒而犯下的性犯罪？

方法1 如果是未成年人

心懷不軌的人不會因為對方是未成年人就手下留情。他會利用玩遊戲或打賭，先讓對方對酒感到好奇，再以甜言蜜語引誘對方喝下酒。因此，我們要盡量避免與人單獨一對一喝酒。如果對方勸酒，就要拒絕他並離開。無論對方是同齡人或長輩，只要對方不停勸酒，都可能懷有不良意圖。

有些人會利用權威或職位，向對方逼酒後再犯案。例如，未成年人打工時的雇主、補習班老師、鄰居叔叔、父母的朋友等。無論對方是誰，只要他不停向你勸酒，你就應該讓父母知道。千萬不要隨便相信給你酒的大人。

方法2 如果是上班族

在職場裡很難不碰到需要喝酒的場合。如果是上司要求，你更難拒絕。但是，如果有人找你單獨一對一喝酒，請一定要拒絕，因為那可能就是避免遇上性犯罪的關鍵。即使是在人多的聚餐場合裡，也可能遭遇性騷擾或被猥褻。請務必堅決果斷地應對。

方法3 如果在酒吧、娛樂場所

身處於娛樂場所，請小心所有接近你的男性。尤其，如果對方再三邀你喝酒、解酒飲料或其他飲料，你就應該盡快離開。無論對方是陌生人還是熟人，你都應該拒絕別人給的所有飲料。

要避免自己遭受以酒為工具的性犯罪，最好的辦法就是不喝酒。若難以實行，你也應該確立出自己的原則。若與男性單獨一對一喝酒，或是喝下陌生人給你的飲料，你的人生可能從此發生劇變。在任何聚餐喝酒的場合都應該提高警覺。

02 他會……以身障者為目標

看過愈多的性犯罪案件，內心愈是悽苦，尤其當被害者屬於社會弱勢群體的時候。性犯罪者之中，有些人並不是純粹為了發洩性慾，而更多是為了彰顯自己的強大。這種人特別容易挑弱勢族群下手。

在動物節目裡，經常可以看到肉食性動物正在追捕年幼又瘦弱的草食性動物。同樣地，性犯罪者也經常將年幼弱小的女性作為犯罪對象。但因為是人類，所以顯得更為殘忍，原因在於，那樣的行為並不是為了生存，而純粹是為了自己的快感。

性犯罪者經常盯上身障者，因為身障者具有身體上的限制而無法反抗，或者因為心智發展不成熟而無法正確辨識情況。我並不是指身障者一定是社會裡的弱者，我也希望身障者都能夠擁有堅強的信念與健康的生活。但是，在性犯罪者的眼裡，只要是女性，就是他們的目標。因此，女性身障者特別容易遭受危險。性犯罪者都是遇強則弱，遇弱則強。

性犯罪者會如何針對身障者犯案？

加害者通常是熟人，且大多是同住一個公寓或社區的鄰居，原本就認識被害者且有所往來。

比起具有身體障礙的女性，性犯罪者更容易盯上智能障礙的女性，因為對方的心智發展不成熟，即使自己被性侵了也難以意識到，而且不太會拒絕他人。通常，性犯罪者會先贈送食物或禮物，博取對方的歡心，然後再誘拐對方一同回到自己的住處。

犯罪者的手法通常很細膩。他們會先誘拐對方：「我家有好吃的東西，而且我想教你一些有趣的事情」，接著趁對方正在吃東西時，開始碰觸對方的身體。如果還無法滿足，就會性侵對方。

住在公寓二樓的A對於住在一樓的智能障礙女子B很感興趣。每當A看到B在公園附近徘徊，他都會上前打招呼，分享食物給B。公寓住戶都認為A是個很親切的鄰居。然而，A並不是那樣的人。某日，A像往常一樣，送B糖果，邀B到他家玩遊戲，B欣然接受了。但是，B正在玩遊戲時，A開始猥褻B。B有所反抗，A便給她錢，但B仍繼續反抗，於是A便強暴了B。

H有強暴身障者的前科。他在路上看見一名智能障礙女子時，產生了性慾。他上前表示要開車送對方回家，結果載對方到某處空地後犯案。

稍微留意就能夠發現，社會裡其實有許多身障者的存在。對他們而言，最重要的是「教育」。我們不僅應該關注每一個個體，更應該積極改善社會給予他們的保護、教育及體制上的完備。究竟如何才能夠杜絕以身障者為目標的性犯罪？

方法1　身障者的堅實後盾是家人

即使身為一名身障者，只要有家人作為強大的後盾，就能有效預防遭受性犯罪。身障者愈獲得家人的關注與照顧，遇害機率愈小。如果你的家人之中有身障者，請留意他經常與誰在一起、與誰最要好，以及瞭解他平日的移動路徑。由於多數為熟人犯案，其身邊的任何男性都應該注意。令人心痛的是，加害者經常是身障者常去的超市裡的大叔、咖啡店的老闆、朋友或鄰居。

方法2　再三教育很重要

以身障者為對象的性犯罪，經常是關係要好的鄰居或親戚犯案，大多都是熟人。要預防這類型的犯罪，一定要再三教育身障者。許多身障者的認知能力低下，無法意識到自己被害，甚至以為兩人是在交往而慘遭誘拐。倘若只教育一兩次，很難杜絕被害的可能。你必須再三讓身障者認識「何謂性犯罪」。政府提供了性教育的資源給身障者與身障者的家人，請多多積極利用。

03 他會……開車進行綁架

開車綁架的案例比較極端，但意外的是，這類案例經常發生。雖然看似只會出現在電影裡，實際上卻經常發生，而且新聞媒體不常報導。或許因為如此，人們通常認為開車綁架的案件不太可能發生在自己身上。

前面提過，性犯罪之所以可怕，是因為逞一時之慾的性犯罪很容易衍生出第二項犯行，例如連續性侵、殺人等重大犯行。

如果只將性犯罪的原因歸結到性慾，就太過於單純了。性犯罪者大多想透過綁架、強暴、囚禁等極端行為，向女性展現自身的優越感與強大。要應對這類型的犯罪，不僅應該提高警覺，更應該積極預防。那麼，這類型的犯罪者通常盯上什麼樣的女性、用什麼方法進行誘拐？開車綁架的犯罪者又有何特點？

一、通常衍生出第二項犯行

許多開車綁架的犯罪者一開始並不是以「性」為目的，而是要搶劫現金或信用卡。他們選擇女性作為比較容易下手的對象。在搶劫、威脅對方時，臨時起意「既然如此，那就順便性侵」，或者反過來，在性侵之後劫財。他們大多是在意識到自己犯罪事實的情況下，接著犯下第二個犯行。總而言之，開車綁架容易衍生出第二項犯行。

二、以落單的女性為對象

無論是白天或夜晚，性犯罪都會發生。而且，任何年齡層的人，只要落單，都可能淪為被害對象。根據統計，傍晚到凌晨是性犯罪的高危險時段，以獨自回家的女性為最常見的被害對象。另一個特點是，發生在鄉下的案件特別多。犯罪者經常開車綁架獨自走在偏僻路上的女性，到無人且沒有監視器的地點犯案。

三、犯罪者很大膽

他們經常找藉口接近女性，在落單的女性面前停車，搖下車窗，問：「這裡是〇〇〇嗎？妳知道○○咖啡店在哪裡嗎？」誘使女性停下來回答問題，再快速押女性上車。雖然這類案例比較極端，卻是實際上會發生的案件，也是常見的犯罪類型。犯罪者通常都用這種類似的方法，向女性搭話並藉此接近。

四、有共犯

開車綁架的犯罪者很少單獨行動，他們大多有共犯；有人擔任司機，有人坐在副駕駛座負責搭話，坐在後座的人則負責押人上車。

傍晚，女大學生A在人煙稀少的公車站等車。突然，一輛廂型車停在她的面前，副駕駛座的男子問：「我第一次來這附近，妳知道超市在哪裡嗎？」A用手指著路，回答：「就在那個轉彎處。」但就在這一瞬間，後座的門被打開，一名男子強行將A拖上車。A掙扎著想擺脫，卻被暴打，無法反抗，最後被載到山上，慘遭性侵。

深夜，B獨自下班，巷子裡黑漆漆的，人煙稀少且有些陰森。這時，後方有一輛轎車開了過來。B覺得有點怪怪的，便站到牆邊躲車。但車上的男子下車後，拿著刀，抵著B的脖子說：「敢叫出聲，我就殺了妳。」B因為害怕，連喊都不敢喊，附近也沒有人可以求助，因此深陷恐懼，最後被綁架到無人的地方性侵，連錢包也被搶走。

該如何預防這類慘絕人寰的情況？以下是解決辦法。

方法1 走在大馬路上

走在大馬路上很重要，尤其是有監視器、明亮且人多的街道。監視器雖然無法在你身陷危險時立即提供幫助，但它會成為第三隻眼睛，錄下犯罪現場，記錄你的移動路徑。而且，只要設有監視器，犯罪者就會有所顧忌。走在路燈多、開有許多餐廳或便利商店的街道上也是個很好的辦法。只要發覺有人正在盯著你，請盡快躲進商店裡，務必相信自己的直覺。就算身邊都是不認識的人，只要人多也是一種保護，因為性犯罪者會難以靠近你。

方法2 如果有人停車向你問路

如果有人停車向你問路，請不要站得太靠近，要徹底保持警覺，站在遠處，用手指出方向即可。事實上，在這個時代，用手機上網搜尋就能夠找到很詳細的資訊，你沒有必要回答陌生人的問題。一般人都太親切了，親切固然好，但對於夜晚獨自走在路上的女性而言，安全是最重要的，不需要太過親切，而應該提高警覺，迅速向目的地移動。

方法3 小心沒有發動的車

夜晚走在路上，也要小心沒有發動的車輛，因為性犯罪者也可能悄悄地躲在車內，等待適當時機，打開車門，綁架女性。如果你的四周都沒有人，但是前方有許多車輛停著，請快步走過，不要悠悠地看著車窗上的自己，或者試圖觀察車內，這類行為很容易讓自己淪為犯罪對象。如果有車忽然停在你的面前，或者跟在你的後面，也請務必小心。

我一度苦惱是否要寫出關於開車綁架的案件，因為我不確定這類極端的性犯罪案件是否能夠帶來實質性的幫助。但我認為，更重要的是盡可能說明性犯罪的類型，讓各位提高警覺並瞭解如何應對。希望以上提出的解決辦法能夠保護你的安全。

04 他會……以旅客為目標

如果你計劃日後出門旅行，或者正在旅行途中，請不要對於性犯罪者掉以輕心，因為他可能已經盯上正在愉快旅行中的你。我曾經見過幾個讓獨自旅行的女性落入殘酷境地的性犯罪者。韓國雖然是治安良好的國家，但沒有地方可以完全杜絕性犯罪發生的可能。新聞媒體報導的大多都是重大案件，但仍有許多不為人所知的性犯罪案件發生在旅遊地點。

以旅客為對象的性犯罪者通常心思縝密且有計畫。他們的主要犯罪地點是旅客的住宿處。旅客經常利用飯店、汽車旅館、露營區等多種住宿形式。其中，獨自旅行的人較常選擇民宿，因為民宿價格低廉，而且可以參加民宿的套裝行程，到了晚上還有機會與其他旅客一起開派對，認識新的朋友。旅客之間互相認識、一起玩，會有什麼問題？真正的問題在於性犯罪者。

性犯罪者會很自然地在聚會當中接近女性，一起吃喝玩樂，博取對方的好感，並且向對方勸酒。接著，他們會讓對方喝下大量的酒，或是在酒中下藥，進而性侵對方。有人甚至會事先將車停在民宿外面，最後將昏迷的女性載到別處。

女性結伴出遊，同樣會被性犯罪者盯上。他們會先看著那一群女性喝酒、玩耍，等到她們的房間熄燈後，再從沒有鎖好的門或窗戶溜進去犯案。

身為同事的A與B決定一起去度假，並預訂了某個獨棟的民宿。雖然朋友說兩名女子結伴入住一般民宿也不會有問題，但A與B願意多花一點錢，住得更舒適、更安全。兩人愉快地度過了一天，晚上在民宿烤肉、喝酒後，很快就睡著了。但是，幸福沒有持續很久。深夜，兩人被一名怪漢性侵並劫走財物，因為兩人忘記鎖門。

C與D是經常一起去旅行的朋友，她們大多選擇入住汽車旅館。雖然品質不如飯店，但也算舒適安全。某日，兩人在汽車旅館的房間裡休息時，突然有人敲門。

兩人問：「請問您是？」對方回答：「我是汽車旅館的人員，可以幫我找一個人嗎？」聽到對方是旅館人員，兩人便毫無疑心地打開了門。然而，一名持刀的男子立刻走進房內，他把刀抵在C的脖子上，使其無法反抗，並且強暴兩人。

三名女大學生決定放假期間要一起去度假。因為適逢旺季，住宿地點不好預定，所以三人選擇價格低廉、晚上還可以開派對的民宿。三人享受白天的旅行後，晚上參加了民宿舉辦的烤肉派對。能夠認識其他旅客，三人都很開心。這時，一名男子突然走過來，向三個人敬酒。三人起初心懷戒心，但後來想，派對原本就會有這樣的情況，便繼續與男子一起喝酒。酒過三巡後，男子邀其中一人出去走走。結果，跟著男子一起出去的女大學生在無人的海邊慘遭性侵。

旅行本該成為快樂的回憶，但只要一瞬間，就可能落入可怕的境地。沒有人能夠讓時間倒流。在旅行途中，究竟應該如何行動？請從下列的解決辦法，瞭解如何保障旅途上的安全。

方法1　小心前來勸酒的陌生人

民宿價格便宜，還可以認識許多不同的人，因此年輕人經常利用。我甚至有朋友跟在民宿認識的人結婚了。但是，如果來到民宿的人裡有性犯罪者，會是如何？一切就會因此而變調。雖然接下來的話聽起來理所當然，但「請小心前來勸酒的人」，尤其是持續給你倒酒、不斷稱讚你的人。當你在旅途中因為一些讓你心情愉悅的話而感到悸動、過度喝酒而無法自控，他們便會立刻顯現真面目。

方法2　確實鎖上門

旅途中，安全的住宿地點非常重要，因為那裡是你消除一天的疲勞、愉快度過夜晚的地方。無論是一個人去或多人結伴，都不要掉以輕心。如果因為興奮而過度喝酒，連基本的鎖門都沒做到，就可能被性犯罪者盯上。實際上，民宿裡有很多人因為天氣熱而開著門睡覺。但是，如同上述案例，有人會從敞開的房門、無意間未鎖上的窗戶侵入。如果是獨自旅行的人，請務必確實鎖上門。即便是多人結伴旅行，也要時時保持警覺，確認門是否鎖好。在住宿地點，鎖門是最基本的習慣。

即使你平時都會在夜晚走路時提高警覺、小心陌生人、確實鎖好門，在旅行期間也可能一時疏忽。在愉快的氛圍下，很容易放下對於周遭人們的警戒。但是，住宿地點並不是你熟悉的地方，四周也沒有你認識的鄰居。因為是徹徹底底的異地，請一定要特別小心。

05 他會……以親屬為目標

在韓國，以兒童為對象的性犯罪案件之中，趙斗淳事件只是其中代表性的一例，更早之前就發生過其他案件。而且，兒童的性犯罪案件數呈現增加的趨勢。根據檢察廳的統計，2017年兒童的性犯罪案件有1270件，2008~2011年暫時減少，2012年到現在又開始增加。

其中，最無法令人接受的類型是在住處的犯案。根據統計，加害者大多為鄰居或父母的朋友。亦即，是熟人來到兒童的住處並且犯案。

兒童的性犯罪加害者之中，鄰居或認識的人占16·7%，親戚占4·2%；按場所分類的話，住處占31·0%，街上占18·3%。這裡，最需要注意的是親戚所犯下的性犯罪。

我所監管的性犯罪者之中，有不少人是以自己的子女、孫子女、侄子女、堂表兄弟姊妹為對象。雖然在與本人見面之前已經知道了犯罪內容，但實際見到這些具有親屬關係的性犯罪者時，仍會大受衝擊。

以子女為對象的性犯罪者最令人難以接受。他們在外面表現得像一名天使，實際上卻具有雙重人格，在家裡會變成惡魔。許多案例裡，妻子都因為丈夫家暴而離婚或離家出走。妻子離開後，丈夫家暴的對象自然變成子女。如果是女兒，暴力會演變為性暴力。親屬所犯下的兒童性犯罪案例出乎意料地普遍。加害者毀掉了子女的童年生活與人生的根基，是很難被原諒的一種犯罪類型。

祖父、親兄弟、叔伯、堂表兄弟等親戚應該是保護自己的人，卻成為加害者，令人難以理解。祖父會趁子女不在家時性侵孫女，堂表兄弟會趁父母不在家時性侵妹妹，叔伯會性侵在放假期間來家裡玩的侄子女。

丈夫A一喝酒就會對妻子家暴。由於暴力行為頻繁，妻子害怕得不得不離家出走，但她沒能帶著女兒一起離開。妻子離家後，A喝酒喝得更凶。女兒雖然害怕，但她無法離開唯一的監護人。某日，女兒正在讀書時，A坐在旁邊，開始撫摸女兒的胸部並且猥褻。女兒嚇了一跳，強烈拒絕後，A立即停止。但幾個月後，A再次猥褻女兒，女兒想起A的暴力行為，因此沒能反抗。

B趁著放假期間，來到祖父母居住的鄉下。祖父因為孫女B很可愛，所以每天帶著她到處走。某日，祖母出門後，祖父看著B正在看電視的模樣，產生了性慾，開始親吻並撫摸B的身體。這是發生在祖母與B的父母都不在的時候。

親屬所犯下的性犯罪案件日益增加。雖然以前就有，但是，由於存在血緣關係，以往都被掩蓋著。近幾年，因為認知上的變化，報案的件數開始上升。

請你不要成為旁觀者，每個人都有義務去保護兒童。如果家中有誰令你感到懷疑，或者你被親屬性侵過，請一定要報案。這種類型的性犯罪大多是在諮商過程中被揭發出來，而後報案。如果你是教育工作者，應該更加注重教育與諮商，並且積極行動。

06 他會……以娛樂場所的員工為目標

一名男子徘徊在開設許多娛樂店家的街上。他是一名性犯罪者，正在物色犯罪對象。他所盯上的並不是走在路上的一般女性，而是娛樂場所的員工。

韓國的代表性娛樂場所是KTV，家人、朋友、同事都可以一起去。有些人習慣叫來助興小姐，增加樂趣，一同喝酒、歌舞。但是，這些女子為客人助興、接待到一半，可能會淪為性犯罪者的犯罪對象。

另一個容易淪為犯罪對象的職業是茶室的外送茶小姐。雖然目前大城市裡很少見，但小鄉鎮裡還很盛行。雖然不是全部的店家都是如此，但有些店家會在外送茶後提供非法的性交易。

性交易本身是非法的，但有些性犯罪者連花錢進行性交易都不願意。他們認為，娛樂場所的員工是他們可以任意對待的對象，所以很容易對其犯案。

關於娛樂場所的員工遭受性侵，有人會認為：「那難道不是他們本來就會遇到的事情嗎？既然選擇在娛樂場所工作，就是不珍惜自己的身體不是嗎？問題在哪？」但我並不這麼想。

「性交易」與「被性侵」兩者截然不同；性交易雖然是非法，但那是雙方已經達成協議的交易，女性在精神上與身體上的損失較少；但如果是遭受性侵，即使身為娛樂場所的員工，一樣會產生難以言喻的打擊與痛苦。

有人認為「性交易」與「被性侵」沒什麼不同，但如果實際看過性侵的現場，想法肯定會改變。許多娛樂場所的員工慘遭性侵之後，從此過著身心疲乏的生活。

A是茶室的常客，經常叫外送茶小姐送茶到家裡。某日，A一看到送茶來的B就知道她是新來的小姐，便摸了B的大腿戲弄她。B將A的手撥開，A卻沒有停止動作。結果，A因為B強烈拒絕而生氣，揮動了拳頭並且性侵了B。

J經常獨自去KTV，而且會叫來KTV助興小姐。某日，J獨自來到KTV，喝著酒並一邊與助興小姐一起唱歌。酒酣耳熱之際，J向助興小姐提議進行性交易，但對方沒有接受。J因為對方多次拒絕而開始生氣，用拳頭毆打對方，使其無法反抗，接著試圖性侵。

在娛樂場所工作，並不代表理應遭受性侵。如果人們對於娛樂場所員工的認知不改變，性侵案件就不會有斷絕的一天。任何人只要表明拒絕之意卻依然遭受性侵，他就是被害者。

沒有人有權批評娛樂場所的員工的生活。問題是，殘忍的性犯罪者經常對娛樂場所的員工下手。在許多佩戴電子腳鐐的性犯罪者的眼中，進行性交易的女子與曾經遭受性侵的女子是一樣的，甚至認為「她們被性侵是活該」。但這世上，沒有人活該被性侵。那麼，娛樂場所的員工究竟應該如何預防被性侵？

方法1 如果你是娛樂場所的員工，請立刻辭職

你覺得很荒謬嗎？這算什麼對策？我因為負責監管性犯罪者，發現他們經常出入KTV，有人甚至將他每天賺到的錢都花在KTV助興小姐的身上，最後沒錢吃飯。產生性慾的時候，他就會因為沒錢而犯罪。總而言之，性犯罪者經常出入娛樂場所，而且很容易盯上娛樂場所的員工。

如果你是娛樂場所的員工，就應該遠離非法的性交易。我不是不能理解KTV助興小姐或外送茶小姐以此職業來謀生的心境，但我還是希望他們能夠透過合法的管道，安全地賺錢。如果你正在從事這樣的職業，請立刻辭職，從事別的工作。

方法2 如果無法辭職

如果無法辭職，就沒有其他辦法了。但我希望各位知道，只要你在娛樂場所工作，就

永遠無法擺脫遭受性侵的可能。然而，只要在社會裡四處尋覓，你一定有機會找到一份堂堂正正的職業，並且獲得生活費、住處及職業訓練等。

你是一個很珍貴的人。希望你好好珍惜自己的身體，並且想一想所有愛你的人。

07 他會……只對孩童下手

趙斗淳的長相被公開了，你從此放心了嗎？不可能！事實上，孩子的身邊依然存在相當多像趙斗淳那樣的性犯罪者。

我監管以兒童為對象的性犯罪者已達七年。令我驚訝的是，當他們再犯依然是以兒童為對象。戀童癖是會對於青春期以前的兒童產生強烈性慾的一種異常症狀。那麼，以兒童為對象的性犯罪者都是戀童癖嗎？並不是。趙斗淳有妻子，但他依然性侵兒童。一個人不會因為他是兒童性犯罪者，就對成人沒有性慾，所以很難斷定他是戀童癖。

此外，沒有人能夠保證他們出獄後不會對兒童再犯。由於我們知道兒童性犯罪者容易再次對兒童下手，所以事先採取了萬全的應對措施。

趙斗淳出獄的日子很快就要來到，有關兒童性犯罪的輿論也變得熱烈。對於這樣的社會關注，我抱持著肯定的態度，因為，只要性犯罪的議題愈抬頭，相關案件就會愈少。那麼，兒童性犯罪者都是什麼樣的人，會如何接近兒童並犯案呢？

兒童性犯罪者大多是被害者的熟人。因此，教育孩子時，只告誡他「小心陌生人」是不對的。在遊樂場上，孩子只要看到有人正在拉單槓就會覺得很神奇，並且上前鼓掌，立刻忘記「小心陌生人」這句話。

陌生人的形象很模糊也是一個問題。如果要孩子畫出一個陌生人，他可能會畫出漫畫裡的壞人或毛茸茸的怪物。也就是說，在孩子的心中，陌生人是「外表凶惡的人」。但在現實生活中，陌生人卻長得非常普通。

要孩子成為有禮貌且善良的人，也是錯誤的。性犯罪者經常以「聽大人的話且不會拒絕的孩子」為犯罪對象。孩子應該學會判斷什麼要求是不當的，並且懂得拒絕陌生人的要求。不懂得拒絕的孩子，只要遇到有人前來尋求幫助，即使內心不願意，也一樣會伸出援手。善良的孩子不等於聰明的孩子。

戶外場所發生兒童性犯罪的機率很高，包含遊樂場、街上、空地等。

現代的父母很早就買智慧型手機給孩子，以為只要保持聯絡就不會有問題，從此安心。但是，現實並不是如此。兒童性犯罪者只要看到有小孩獨自在遊樂場上玩手機，就會誘拐他一起玩遊戲，或者到自己家裡玩電動。

他們也經常用「請求幫忙」的手法，假裝發生緊急情況、問路或以身體不適為由，向孩子請求幫助，引誘孩子到無人的地方後性侵。愈是以順從大人為美德的孩子，愈容易上當。幫忙帶路就送禮物、利用小狗來誘拐孩子的手法，雖然老套，但依然行得通。如果性犯罪者向孩子自稱是父母的朋友，並且知道孩子的真實姓名，藉此接近孩子，往往令人束手無策。

> 性犯罪者A發現一名孩子獨自在遊樂場玩，便慢慢走近他，問：「小朋友，叔叔剛搬到這裡沒多久，你知道洗衣店在哪裡嗎？」孩子用手指著說：「那裡右轉就到了！」A回：「噢，原來是這樣，謝謝你啊！可是，叔叔還是不太熟這裡的路，你可以陪我一起走過去嗎？我買好吃的東西給你！」意圖誘拐孩子。孩子認為，自己

理應幫助需要幫助的人，便欣然答應。於是，A給孩子買了餅乾，誘拐孩子到自己家裡玩遊戲，並且犯案。

我們該如何對付這種以單純的兒童為對象的性犯罪者？除了前述提過的教育內容以外，以下是更具體的辦法。

方法1 情境劇對兒童而言很有效

最近出現很多有關兒童安全的教育資源，例如安全教育漫畫、性教育童書、安全教育音樂劇等，愈來愈多幼兒園或學校會定期利用這些資源進行教育，許多父母也開始使用。但是，這些真的有效嗎？事實上，許多孩子即使瞭解情況是如何，依然會猶豫不決，無法當機立斷。

若要有效預防，應該透過情境劇，像實戰一樣地進行練習，演練性犯罪者的各種可能的接近方式。請教導孩子堅定地拒絕前來尋求幫助的人：「我沒辦法，找請大人過來！」在別人邀自己摸狗時回絕：「不可以隨便摸別人的狗。我不想！」實際上，親口演練過的孩子都可以成功應對真實的危機情境。安全教育不應該只是一次性的，應該經常、像遊戲一樣地進行。

方法2 家人間的溝通可以預防遭受性犯罪

孩子的自尊來自家庭的和睦。和睦家庭中的孩子遇到不願意做的事情時，會毫不猶豫地告訴父母，父母也會迅速讓孩子感到安心，並且解決問題。即使孩子不說，機警的父母也會盡快察覺並且應對，幫助孩子平復情緒。

但近幾年，父母與孩子都使用智慧型手機成癮。請注意，愈是缺乏溝通的家庭，愈容易遭受性犯罪，而且情緒平復得愈慢。無論多忙，希望各位父母都能夠花幾分鐘的時間與孩子對視並進行對話。

PART 5

性誘拐

01 教育界的性誘拐

一家人坐在餐桌前吃晚飯時，小學五年級的孩子說出了一句驚人的話。「媽媽，我跟班導師正在交往。」父母感到很慌張，但以為那只是孩子的童言童語。「喔？班導師特別照顧我們○○嗎？」「嗯！老師給我買好吃的，還會買禮物。」「什麼禮物？」「所有我想要的東西。」父母察覺到其中的不尋常，於是要檢查孩子的智慧型手機。孩子強烈反抗，父母搶走手機後，看到通話紀錄與訊息的那一刻，內心大為衝擊，顫抖著問對方是否真的是班導師，因為訊息的內容怎麼看也不可能是教師與學生之間的對話，而像是交往中的情侶，充滿帶有性暗示的言語與不適當的內容，還提到要保守祕密不透露兩人發生性關係的事情，可以的話就送孩子禮物。

父母聽到子女說出這樣的話，該有多麼可怕？教師應該教導孩子與引導孩子，卻成為孩子的交往對象，必然會覺得遭到背叛。以前，這種故事應該只出現在電影裡，但從這幾年的新聞來看，這似乎已經變成頗為普遍的現象，令人感嘆。忘記教育學生的本分與使命，甚至與孩子交往，稱得上真正的教師嗎？他們為何對未成年的孩子犯下性犯罪？

不久前，入口網站的搜尋關鍵字第一名，出現了教師與小學生發生性關係而引起爭議的事件，該名教師表示「我們是彼此相愛」而引發爭議。但是，教師不可能不知道，與未滿13歲的未成年人發生性關係，即使當事人同意，也會構成犯罪，明知故犯，百分百就是犯罪。

以前，多數加害者為男性，但如今，相反的情況也很多。有個案例是女教師與男中學生發生了性關係。然而由於中學生是13歲以上，所以教師以無嫌疑為由而被釋放。但以13歲為基準的意義為何？中學生在心智上、身體上依然未發展成熟。如果這些問題在法律上得不到改善，今後，被害者還會繼續增加，很多孩子將陷入痛苦之中。

性誘拐的定義為「加害者馴服被害者後所犯的性犯罪」，是在建立信任後再進行性剝削，大多以兒童與青少年為對象，而且這樣的現象在教育界愈來愈常見。下面談談何謂教師對學生的性誘拐。

基本上，學生都希望得到教師的關心與稱讚。我以前上學的時候，也經常想得到老師的表揚，被表揚的話就會很高興，並且更努力學習。但是，性誘拐者會利用這一點，達到性方面的目的。此外，為了在犯罪後繼續維持關係，他們會表示要告知父母或以偷拍影片威脅，或者因為已經建立了信任，無須威脅就可以繼續保持關係。

一名小學教師透過聊天軟體，與自己班上的學生私下聯繫，稱讚對方長得漂亮，形成親密的關係，進而引發對於性的好奇心，並發生了性關係。之後，不僅送給孩子連父母都不輕易送出的禮物，更在放學後約會，繼續保持關係。這就是此類型性誘拐的本質。

> 教師A透過聊天軟體，與未滿13歲的小學生B搭話。之後引起B對於性的好奇心，誘拐B在自己的車內發生性關係。此事在B與班導師諮商的過程中被揭發，A最後被逮捕。

教育界發生的性犯罪是以未成年人為對象，其中，教師的權威經常被濫用，那麼，我們應該如何預防？

方法1 讓學生認識「性誘拐」

要預防性誘拐，就必須讓學生瞭解性誘拐的存在。學生對教師的信任在學校生活中的確非常重要，但也必須讓學生知道那份信賴可能被濫用而演變為性犯罪。要讓學生知道，如果教師對自己特別親切，或者透過聊天軟體訴說私事與具有性暗示的內容，理應起疑，並且立即告知父母。

方法2 把握黃金時刻

年齡愈小，愈無法好好認知性誘拐的存在，即使自己受害了也不知道，或者即使知道了也不告訴父母。所以，父母的關心是最重要的，請經常與孩子對話，看看孩子是否與平日有何不同。無論是何種犯罪，預防都是最好的辦法，愈早知道與解決，被害者就能復原得愈快。

事實上，很多人對於「性誘拐」這個詞感到陌生。因此，我不斷積極宣導與教育大眾「何謂性誘拐」。

要杜絕教育界的性誘拐，不能只依靠教師自身的倫理素質，應該藉由法律上的完備，確實追究相關責任，才可能實現。我希望愈來愈多人知道性誘拐的存在，並且以成熟的認知與溫暖的雙手去照顧身邊的兒童與青少年。

02 宗教界的性誘拐

宗教能夠給信徒帶來生活的希望，也對整個社會有著良性的影響。但是，宗教界裡也存在著性誘拐。事實上，宗教界裡的性犯罪不只是一天兩天的事情，卻一直被默許著，因為宗教界裡同樣是高度組織化且存在著威權。但是，世上沒有完美的犯罪，宗教界的性犯罪也因為「#MeToo運動」而一件件被揭發出來。

宗教界性犯罪的特點是，即使被揭露，加害者通常也沒有反省之意，因為宗教領導人往往握有強大的權力，信徒則大多被洗腦，甚至將領導人當成神。亦即，所謂「邪教」的問題非常嚴重。信徒會認為與領導人發生性關係是被神揀選，或是被救贖。即使爆發有組織的性犯罪，信徒依然相信自己的行為是正當的。這不僅讓很多信徒的生活陷入疲乏，並且對整個宗教界產生不良影響。

因為「#MeToo運動」而被揭發的宗教界性誘拐案件也呈現出與「邪教」雷同的現象。

雖然少數幾個勇敢的信徒揭發了領導人的犯罪事實，但多數信徒都選擇袒護領導人，領導人也沒有反省之意。他們究竟如何對信徒進行性犯罪？

首先，他們會利用自己的絕對權威去接近信徒。遭受性侵的信徒雖然知道自己受害，但往往不敢揭發領導人，或害怕被逐出組織而選擇隱瞞真相。嚴重者甚至會認為自己是被神揀選，對於發生性關係一事懷抱感恩之情。

而且，事件被揭發不代表結果都是好的。有些信徒會被其他信任且支持領導人的信徒威脅與折磨，被逼著默許，甚至被威脅生命安全。這樣的結構使得宗教領導人的性誘拐被正當化。

如果是從小跟隨父母接觸宗教，洗腦程度是最嚴重的。即使被世人指指點點，對他而言，教主永遠是神，性犯罪很難根除。

有些新興宗教的領袖自稱上帝之子，創立新的教義，成為異端邪教，並且吸收許多信徒，強迫他們服從。勢力進一步擴大後，他便聲稱可以透過與自己發生性關係而得到救贖，對信徒進行性剝削。

我不知道人類如何能夠成為神。但那些看似完美的教理與絕對的權威，以及信徒的絕對服從，都正當化了宗教界的性誘拐。有些宗教甚至會收養育幼院的孩子，將其培養為童子僧，經常對其性侵，有些神父則會在教會活動中囚禁並性侵女信徒。

每個人都有宗教自由。但是，各位務必要慎選。

人不可能變成神。如果宗教領導人被神化，請抱持著懷疑。而且，品德正直、真真正正的宗教領導者不可能隨意撫摸或戲弄你的身體。如果發生這類事情應該要揭發他。

03 體育演藝界的性誘拐

世人之所以認識到性誘拐，是因為「#Metoo運動」的爆發。許多長期存在卻一直沒有被揭發的性犯罪案件隨著一個個標籤，開始在社群媒體上被曝光，顯露出真相。

體育演藝界的情況尤其嚴重，因為其中的權威者或教師往往能夠左右學生的前途，導致被害者無法輕易說出被害事實。「#Metoo運動」在體育界、文學界、戲劇界、電影界獲得最為熱烈的迴響，許多被害事實一個個被揭發，加害者也接連受到懲罰。

體育界的性誘拐

要瞭解體育界的性誘拐，就要從運動員的生活開始說起。對運動員而言，上下位階非常嚴格，必須服從指導者或教練。訓練過程與軍隊十分類似，運動員之間的前後輩關係也很明顯。而且，運動員最重要的是要讓指導者的眼睛一亮，被指導者看見，才有機會參加比賽。亦即，運動員的生涯發展都取決於指導者。

運動員的生涯從很小的時候就開始，也是一大特點。韓國運動員大多從幼年就開始運動，青少年時期正式展開運動員生涯，或開始培養體育上的專業，過著與同齡人非常不同的生活。

從小展開運動員生涯，必須找到好教練，因為教練的經驗、技巧、實戰、體育精神會對運動員產生很大的影響。運動員的生活並不容易。對於早早踏上鍛鍊之路，向夢想前進的運動員而言，教練的教導非常重要。

在這樣的特殊領域之中，如果遇上不好的指導者，該如何是好？如果被指導者性侵了，該怎麼辦？運動員的生活不僅會受到致命性打擊，也會受到很大的人格創傷。

從最近「#MeToo運動」裡的案件來看，我們可以發現，許多運動員從未成年時期起便經常遭受性侵，但因為自己的夢想而無法站出來揭露被害事實。加害者甚至會因為運動員締造了出色的表現，繼續厚顏無恥地加害。他們的野蠻行徑被學生的成績所掩蓋。如果學生沒有勇敢站出來揭發，加害者一直都會是其他學生們的偶像，並且再三犯下性侵。

只要體育界「只問結果」的風氣不改變，性犯罪就無法根除。

盯上年輕運動員的教練

體育界的性誘拐之所以難以被揭發，是因為運動員的一切都取決於教練。如果被教練討厭，運動員就沒有機會參加比賽。體育界的性犯罪究竟是如何發生的？

體育界的性犯罪通常發生在集體宿舍或移地訓練的宿舍。加害者會叫年輕的運動員來自己的房間按摩，或者以矯正姿勢為由慣性猥褻，或者以打掃等瑣事為藉口進行性侵。然而，運動員往往只能保持沉默，因為運動員的生涯都取決於教練。

體育界的性犯罪不只會發生在運動員身上，放學後上體育補習班的兒童也會淪為被害者，因為肢體接觸無可避免。心懷不軌的教師會對孩子進行不必要的接觸，藉此獲得性快感。問題在於，孩子無法意識到這種行為是性犯罪。

〇〇〇學校的體育教練A以對運動員嚴厲而聞名，訓練的過程非常辛苦。如果做得不好，還會進行集體處罰。但是，他並不是一個好的教練，因為他是性犯罪者，他對女運動員進行了不必要的接觸，藉此獲得性快感。雖然運動員都知道這個事實，但都保持沉默。某天，進行移地訓練的過程中，A將一名運動員叫來自己的房間並對其性侵。

隨著大眾對於性誘拐的警覺性上升，相關的預防教育講座也愈來愈多，代表愈來愈多人知道性誘拐的存在。愈多人關注，愈能預防犯罪的發生。

04 網路上的性誘拐

韓國是網路大國，在網路上輕輕一點，就可以購物、旅行、求職，並且輕鬆獲得想要的資訊，不受時間與地點的限制。

但是，在網路上，自己的私生活也可能暴露於不特定多數人的眼前，或者外流的個資被用於非法用途。非法偷拍的影像很容易在網路上傳播，只要下載就能看到，性犯罪的相關產業也一直在成長。此外，還有很多人在網路上遭受性虐待、詐騙、欺凌，以及實際見面後被性侵。

使用網路時，個資可能被洩露，並且被惡意利用，因此務必要小心。在網路上出現的性犯罪者會不擇手段。那麼，所謂網路上的性犯罪者都是怎樣的人？他們會如何接近被害對象？

何謂網路上的性犯罪？

隨著時代的變化，網路上的性犯罪案件逐年增加。這是情有可原的，因為網路上總是有很多人，而且很多性犯罪者都懂得善用網路。

我所監管的一名性犯罪者曾經表示他也遭受過網路的性犯罪。「網路上真的很多騙子，我委屈到晚上都睡不著。」他告訴我，他某天收到一則訊息，要他下載視訊app，宣稱可以一邊看著女人裸露的身體，一邊聊天。他立刻下載了，且真的看見一個女人只穿著內衣。女人表示，除非他一起脫掉衣服，否則不會脫掉內衣，因此他很快就脫了衣服。但不幸的是，他一脫下衣服，影像就消失了，接著，一通不明電話打來，說道「我握有你的裸照，立刻匯給我400萬韓元，否則就將你的裸照傳給所有你認識的人。」他大吃一驚，因此報警，但至今仍未找到加害者。除了裸照，有些加害者也會威脅將被害者的自慰影片傳給手機裡的所有聯絡人。那麼，以兒童與青少年為對象的網路性犯罪又是如何發生？

網路性犯罪者主要利用開放式聊天室，在各地區的十多歲青少年聊天室裡進行誘拐。

交友軟體對他們而言是很好的手段，裡面有很多人是以性交易為目的，可以輕易誘拐沒有謀生管道的離家青少年。性犯罪者會引誘這些青少年進行性交易，或者在性侵對方之後威脅要告訴父母或朋友。

網路性犯罪很容易演變為性誘拐，加害者會透過交友軟體或開放聊天室，接觸未成年人，拉近距離，再持續進行性剝削。他們透過網路一對一對話，很容易能夠博得孩子的歡心。出乎意料的是，青少年如果收到父母平時不會買給他的高價禮物，很容易就會因此敞開心扉。

因為現在的孩子很早就開始使用電腦與智慧型手機，所以很容易在父母視線之外的網路世界遇到犯罪事件。父母無法一一確認與干涉子女的私生活，但不是沒有預防的方法。正如前面所說，平時就要讓子女知道與認識何謂性誘拐。

此外，請杜絕孩子使用能夠與不特定人接觸的有害app。不要以為「我的孩子對這種事不感興趣」，每個孩子都有好奇心。如果不事先阻止，孩子可能一瞬間就暴露在受害的危險之中。關於智慧型手機，也請再三思考一下。雖然現代人的生活似乎離不開智慧型手機，但對於孩子而言，智慧型手機是否展示了太多東西？

05 諮商室裡的性誘拐

你見過披著羊皮的狼嗎？看到性誘拐者，我就會想起披著羊皮的狼。他們在弱者的面前表現得像個天使，背地裡卻會毫不猶豫地做出無恥的行為。

不久前，某個著名的心理諮商師性侵了因為遭受性侵而前去治療嚴重憂鬱症與精神萎靡的個案。他誘騙精神脆弱的個案：「可以透過性關係來進行治療。」並且利用心理諮商本身就具有保密性的這一點，而進行性誘拐。

性誘拐的被害者除了兒童與青少年，還有需要心理治療的弱者，加害者不會在乎被害者是否為性侵被害者、兒童、青少年或高齡女性。他們經常謊稱只有與自己發生性關係才能夠治癒心病，逼對方服從，並且拍攝影像進行威脅，讓對方無法揭發。

性侵被害者所遭受的痛苦

性侵被害者所遭受的痛苦是無法用言語表達的。我雖然無法表達他們的痛苦，但我既然從事相關工作，就無法無視他們的痛苦，因此有非常深切的體會。

我管理的性犯罪者，手法非常殘忍，被害者承受相當大的痛苦。被害兒童的身體部位受到嚴重損害，生殖器官破裂。遭受這種傷害的孩子與父母，不僅受到精神上的創傷，還可能面臨被害者因此身體殘廢的狀況。

成年人也是一樣。遭受性侵，往往伴隨著多重傷害。被害者會因為加害者使用凶器與無情的暴行而遭受精神上的打擊，經歷長期性的創傷。

遭受性侵後，被害者首先會陷入巨大的衝擊與精神混亂。接著，會不想承認被害事實，忘卻現實或者不信任現實。有時，還會患上憂鬱症與精神萎靡，因為羞恥心與罪惡感而飽受折磨，長期獨來獨往、閉門不出，甚至企圖自殺，或者因為對加害者極度憤怒而使周圍的人也感到痛苦。

當然，也有一些被害者因為受到周邊親友的積極幫助與照顧，而且本人具有堅強的意志，成功回歸正常生活。但是，他們一樣會懷疑自己能否遇見新的對象，共組一個平凡的家庭，或者像其他人一樣健康地生活。

性侵事件層出不窮。但是在韓國，被害者大多保持沉默、暗地哭泣、加害者卻逍遙法外。我所監管的一名性犯罪者的話曾經引起我對於自身職業的懷疑。他因為侵入他人住宅並性侵女性而入獄；刑滿後，雖然佩戴了電子腳鐐，但他不僅無意悔過自新，反而譴責並埋怨被害者。他堅信，雖然是強制性交，但對方女性明顯希望與自己發生性關係，而且表現出開放的態度。如此厚顏無恥的錯覺使我感到心灰意冷，且深感憤怒。

沒有人可以指責被害者。有誰會想要成為被害者？「他活該！」這種話最令人搖頭。尤其當加害者這麼說，更讓人無法容忍。

我們必須思考一下應該如何看待被害者？性暴力被害者所遭受的損害比你所想的還要多。很多人在職場上揭發性騷擾後，以「損害公司形象」為由而被解雇。但是，公司形象的惡化究竟是加害者造成的，還是被害者？以此為由簡直是荒謬。

周圍人們的視線也經常過於冷淡，甚至有些殘忍。這個社會裡，被害者必須自行證明受害事實。因此，許多加害者因為證據不足而被釋放，被害者則被視為「狐狸精」，必須不斷對抗旁人的偏見。我不是要各位同情與憐憫被害者，但我希望各位至少不要指責與辱罵被害者。希望各位知道，沒有人可以完全豁免於受害。

從有關性侵案件的網路報導就可以看出，雖然多數人是批評加害者，但也有不少人會譴責被害者。「穿成那樣，當然會被盯上」、「一起進去汽車旅館，不就代表雙方合意嗎」、「在酒吧工作，當然會發生啊」，這些評論都是二次加害，都是網路暴力。

而且，性誘拐就像軍用隱形戰機，難以被別人的雷達偵測到，往往在無人知曉的情況下發生。

要杜絕祕密進行的性誘拐，我們必須修改憲法，教育界也有必要積極推動預防性犯罪的教育。不僅應該提高性犯罪的刑量，且有性犯罪前科的人也絕對不能從事以兒童為對象的工作。雖然原則上諮商師不能在兩年內與個案發生性關係，但由於缺乏強制性，目前流於有名無實。

PART 6

不同年齡層的性犯罪

01 給……育有嬰幼兒的父母

我所監管的對象中，有些是對兒童下手的性犯罪者。我長時間監管他們所感受到的是，從外貌上並無法看出他們的真面目，從容貌、體格、特殊習慣等都無法判斷他是針對兒童的性犯罪者。

每當公開性犯罪者的臉孔，人們通常會說「眼神看起來就很凶狠、很不尋常」、「從臉就看得出來」、「長那樣，當然會犯罪了」。但是，那是因為人們已經知道他們的犯罪事實。然而，在親友的眼中，多數的性犯罪者「平時是個很好的人」。

即使如此，對兒童下手的性犯罪者之間有一共通點：他們都很瞭解兒童的心理。熟人犯案的情況裡，加害者通常將目標鎖定在親戚、鄰居、朋友的子女，趁他們獨自在遊樂場、上下學途中、公園等地的時候犯案。平時先建立信任，再透過送餅乾、糖果、幫忙跑腿、求助等手段誘拐兒童。

如果不是熟人犯案，任何落單的孩子都可能成為目標。尤其，愈是與同齡人疏離的孩子，愈容易成為犯罪對象，因為只要別人稍微親切地過來搭話、一起玩耍，孩子馬上就會牽著手跟上去。另外，還有一種手法是加害者會遞出附贈糖果或餅乾的問卷，一邊上前搭話。對於拒絕的孩子，也會很有耐心地再三求助，直到達成目的。犯罪者的計畫如此縝密，孩子往往束手無策。

有年幼子女的父母都應該知道

為了預防兒童遭受性犯罪，首先要培養他們自立。如果包含父母在內的周邊成年人能夠隨時關注是最好的，但如果無法，具體而言，我們應該教育孩子什麼、如何教育呢？

第一，父母的教育為優先。

時代不同了，「小心陌生人」那種以往的教育方式已經無法保護你的孩子。再加上，性犯罪被害者的年齡不斷下降。你無法預測孩子是否會在一個你以為很安全的地方遭遇什麼事情。應該當一個瞭解性犯罪真實面貌的父母。

請積極給予孩子性教育，教導他珍惜自己的身體。未經允許之下，身體都不應該給別人觸摸，兒童也一樣。如果沒有接受這樣的教育，孩子在受害時就不懂得甩開陌生人的手，或者無法意識到受害的事實。大人一邊稱讚好看一邊伸手摸孩子的臉時，如果孩子不喜歡，就不應該告訴孩子「那是因為你長得好看」並允許，應該堅決地制止。這些教育細節可以預防孩子遭遇性犯罪。

此外，「應該幫助有困難的人」、「應該好好聽大人的話」已經不是美德了。請教導弱小且沒有判斷力的孩子不要隨便在路上幫助陌生人。當對方堅持不懈地請求幫助時，你應該保持警惕。如果感覺有點奇怪，就應該立刻離開。孩子應該知道，這世上也有很多壞的大人。父母必須瞭解符合現實社會的性教育與預防遭受性暴力的方法。

第二，建立與孩子之間的信任。

父母的典型錯覺之一是「我的孩子很聽話，很善良」。順從父母、本性善良，難道就代表父母與子女之間的關係很好嗎？不是的。雖然有些孩子真的與父母關係良好，但如果孩子認為，即使告訴父母也一樣解決不了，或者說了也只會挨罵，那麼，孩子只會在表面上裝作很聽話。這樣的孩子，即使遭受性侵，也不會告訴父母。實際上，曾有孩子持續遭受性侵，他的父母卻說：「我完全不知道我的孩子正在遭受這種事，他都一如往常地笑著上學。」殊不知，孩子是怕被父母訓斥，所以沒說出來。

父母是孩子遇到困難時唯一可以信任與依靠的人。如果家人之間互相信任，孩子不會隱瞞自己受害的事情，父母也會積極應對並照顧孩子。父母與子女之間的良好關係是預防遭受性侵的關鍵所在。

第三，透過情境劇來演練。

如果讓孩子觀看有關預防性暴力的影片並詢問孩子應對方法為何，孩子通常都回答得出來，父母往往因此鬆一口氣，以為「我的孩子知道如何應對。」但真實情況是不同的。如果有陌生人與孩子一起玩並且送禮物，孩子大多會敞開心扉；如果是認識的人，孩子更會毫無疑心地跟隨。「媽媽要我來接你」、「小狗生病了，你能和我一起帶牠去看醫生嗎？」如果這樣說，孩子往往會相信。即使是一個受過許多教育、警覺性高的孩子，只要對方持續要求，他們也可能會納悶「是真的嗎？」而跟了上去。

請多透過情境劇來演練真實情況。先決定要以學校、路上、超市、公寓、公園等日常生活中常見的場所，再根據情境演練。讓孩子自行按下電梯按鈕，告訴他們平日來往的路上應該小心什麼，以及指示他們可以逃生的管道。練習與不練習，有著天壤之別。

雖然前面已經提過了，但有關以兒童為對象的性犯罪，說再多也不算過分。要預防犯罪，就需要許多人一同關注。

02 給……育有青少年的父母

以青少年為對象的性犯罪案件日益增加，而且犯罪者的手法高段又縝密。為何以青少年為對象的性犯罪案件數量會激增？是因為以青少年為對象的性犯罪率上升，還是因為舉發的人變多了？

我認為，是因為性犯罪的「告訴乃論」規定被廢除了。2013年之前，所有性犯罪均為「告訴乃論」。如果被害人不希望加害者受到懲罰，起訴就不成立。仔細想來，這對被害者而言似乎太殘忍了，因為他們可能會面臨權力或金錢上的收買，或受到報復性威脅。有些未成年的孩子被強暴後，父母會因為收下金錢而放棄起訴，有些父母則遭受權威人士的威脅。許多性犯罪案件就這樣被掩蓋了下來。

但現在不一樣了。韓國的《性暴力犯罪處罰特殊法》與《兒童及青少年性保護法》經過修訂，自2013年6月19日起，所有性犯罪的「告訴乃論」均被廢除。現在，即使被害者沒有起訴，刑事案件照樣進行，並且懲罰加害者。

遇到青少年遭受性侵的案件時，我都非常心痛，更何況是父母？要稱韓國為法治國家，還太早了，因為犯罪者依然能夠利用權威來逃避或減輕懲罰，也意味著被害者被傷害兩次。我希望國家盡快修訂出能夠讓被害者重拾笑容的法律，打造一個安全的國家。

育有青少年的父母如何預防孩子遭受性犯罪？如果只是坐在原地，為了性犯罪的發生唉聲嘆氣，你應該振作起來。知己知彼，百戰百勝。應該去認識你的敵人。我所監管的人大多是特殊罪犯，他們不只性騷擾或性侵，還會殘忍地使用凶器、多人犯案或傷及對方。沒有人能夠保證，這些性罪犯不會以你的孩子為目標。

青少年也經常被認識的人性侵，可能是平常認識的成年人，或者同齡的朋友。其中，加害者經常是青少年頻繁進出之處的成年人，例如學校老師、補習班老師、公寓警衛、鄰居等。如果有人與你的孩子過於親近，或者有人想要單獨見你的孩子，請務必小心。此外，也要小心任何與孩子交換電話號碼、透過社群媒體與孩子聯絡的成年人。如果在孩子的手機裡看到「你今天真漂亮，明天要打扮得更美喔」、「結束後一起去吃飯吧」、「我們明天要做什麼？」等訊息，請高度懷疑，那都是典型的性誘拐。

父母也應該多多認識網路空間，因為裡面充滿了父母所不知道的世界。青少年經常玩的遊戲、聊天室與社群媒體，都是可能遇上性犯罪者的管道之一。性犯罪者的手法愈來愈複雜。父母應該時時觀察孩子喜歡玩什麼樣的遊戲，以及使用智慧型手機之後是否有出現諸如沮喪之類的異常情況。

性犯罪者就在你的身邊

有人說，最可怕的敵人是你最親近的人。近年來，青少年性犯罪的重要問題之一是同齡的加害者。加害者同樣是應該受到家庭與社會保護的青少年，不禁令人感嘆。

不久前發生了一起震驚社會的事件，一群男性小學生集體強暴了一名同齡女學生。儘管我經常聽聞殘酷的性犯罪案件，依然震驚得說不出話來。為何小學生也會犯下性犯罪？而且是集體為之。集體性侵是未成年犯罪者的特點，因為他們通常單純地認為「那不是我一個人的錯」、「與朋友平攤罪責即可」。但他們不知道集體犯罪會面臨「加重處罰」。

集體性侵的原因經常是對朋友的忠誠與英雄主義。不想在朋友面前漏氣，想要捍衛自尊心的心理，使他們成為強暴案的共犯。

同儕之間的性犯罪是很殘忍的。偷拍如廁的過程、透過社群媒體發送淫穢內容、拍攝性器官、要求拍下自慰過程、強迫性交等犯行，經常在同儕之間發生。

還有一些青少年利用交友軟體為成年人仲介性交易或詐騙。與其說是年幼、不成熟、需要被保護的青少年，更像是殘忍的性犯罪者。

這類性犯罪案件經常被報導，使大眾憤怒到極點，甚至討論要廢除青少年法。我也認為國家應該加強對於青少年犯罪的處罰。因為從未為了自己的犯行而付出代價的青少年，不可能成為一個成熟的大人。

基於上述，父母應該時時保持警覺。如果孩子在使用社群媒體時臉色不佳、出現自殘行為、身體出現損傷，或是表現得與平時不同，請務必留意。父母永遠是孩子的靠山與教育者。

03 給……二十多歲的未婚女性

雖然說是針對二十多歲，但所有年輕女性都應該知道。長期以來，我遇過許多犯罪案件與事故的當事人，看過許多二十多歲的年輕女性遭受多大的傷害、如何淪為被害者，也看到她們受害之後所承受的痛苦。我希望各位都能對性犯罪保持警覺，知道事情也可能會發生在自己身上。

韓國真的是一個安全的國家嗎？儘管治安良好，性犯罪案件卻還是每天發生。媒體報導的案件只占所有性犯罪案件的10％，只有殘忍無比的案件才會被報導。千萬不要認為「哎呦，沒關係啦，我怎麼可能遇上那種事」。許多失去生命的被害者也都是普通人，原本過著正常的生活，結果一夕之間遇害。韓國的治安雖然好，但那只代表從整體犯罪率來看是安全的，不代表性犯罪率是低的。究竟，二十多歲的女性如何成為犯罪目標？

無論妳是求職者、大學生還是社會新鮮人，都必須格外小心「酒」。如果妳是不喝酒的人，那當然最好。但成年後，誰都可能開始喝酒或沉迷於喝酒。

但請避免過量喝酒。因為妳可能會失去意識，最後在另一個地方醒來，或者頭痛得忘記前一天的回憶。如果事情僅止於此，不會有什麼問題。但問題在於，喝酒過量會導致人身安全受到威脅。現實是很殘忍的。性犯罪者不會放過任何一個獨自回家、走路搖搖晃晃的女人，他會默默跟隨在後，等對方打開家門，接著會立刻撲上去。女性往往因為喝醉，所以很難反抗，連叫喊或求救也做不到。

他們也不會放過醉倒在街上的女子。很久以前，我陪著一名佩戴電子腳鍊的性犯罪者回家，走在大學路上，看見一名女子醉倒在電線桿旁。不管我再怎麼試著叫醒她，她都只是胡言亂語，最後我只好報警，讓女子平安回家。試想，假使我不在場，會發生什麼事？毫無防備的女子，本身就是危險的。

當然可以喝酒，但我希望妳永遠保持警覺。說來可悲，在這個社會裡，光是喝醉就可能讓妳成為性犯罪者的目標。

妳在夜晚是安全的嗎？

韓國的夜生活文化十分精彩，聞名全球。即使是夜晚，依然可以享受各種美食與娛樂活動，街燈甚至亮到凌晨才關閉。不知是否因為如此，有太多的女性夜晚走在路上時毫無警覺心。這並不是在說女性不能享受夜生活。但是，請看一看以下的統計數據。

根據檢察廳的數據，韓國2018年總共發生32824起性犯罪案件。其中，40．9%發生在夜間，51．7%發生在下午。也就是說，比起白天，性犯罪更容易發生在晚上。

二十多歲的女性們，我希望妳們都能夠平安回家。不幸的是，性犯罪者不會放過任何一個晚上落單或喝醉的女性。而且，夜間發生的性犯罪案件往往非常殘酷。可以的話，千萬不要落單。喝酒的話，請家人接送妳回家，或積極利用政府的安全資源。

妳的男友值得信任嗎？

如果與自己所愛的男朋友發生性關係，妳應該對這件事說不：拍攝性愛影片。

有一對二十多歲的情侶因為性格差異而分手了。但是，男方仍然留戀不已，不斷懇求女方跟他見面，而女方為了好好處理兩人的關係，便當作是兩人最後一次見面，答應與男方一同喝酒。喝酒後，兩人經過協議，在男方家裡發生了性關係。隔天，問題來了，男方意味深長地告訴女方：「妳現在再也不能離開我了。」經過一番調查，女方發現男方祕密拍攝了性愛影片，並且持續利用該影片威脅女方。

關於性愛影片，無論是被偷拍，還是兩人協議拍攝，都會引發問題。如果妳的男友提議拍攝性愛影片，請堅決拒絕並且離開他，因為妳永遠不知道分手之後，那些基於愛意與好奇心而拍攝的影片將何去何從。最好杜絕所有讓自己淪為被害者的可能。而且，如果影片在網路上傳開，該怎麼辦？妳將成為真正的被害者，最好立刻報警並採取行動。

由上述可知，二十多歲的年輕女性暴露在許多性犯罪的風險之中。預防是最好的辦法。請記住，只要保持警覺，多少都可以免於遭受性犯罪。

04 給……三十多歲的職業女性

職場內的性犯罪加害者經常利用權威與職位，因此，犯罪事實往往被掩蓋或默許，被害者則往往被汙衊為損害公司或機構形象的員工。職場內的性侵事件中，被害者比真正的加害者更容易被認為是加害者。

女性上班族最討厭的職場活動是「公司聚餐」。近年來，甚至男性也如此認為，或許是因為當今世代普遍認為應該將工作時間與私人時間徹底劃分。此外，也有愈來愈多人認為「下班後的聚餐時間應該視為加班」。

不過，女性上班族討厭公司聚餐，還有一項原因：容易遭遇性犯罪。職場內發生性騷擾的第二個地方是聚餐的場合。雖然近幾年，聚餐的文化逐漸改變，強迫性沒那麼高，風氣不再是「酒喝愈多愈好」，但性犯罪依然不斷發生。而且，很多地方依然存在強迫聚餐與勸酒的情況。

公司聚餐中的性騷擾，包含「女性應該負責斟酒」、「女的先離開，男的再一起去其他地方逍遙」、「評論女性的外表與穿著」、「談及私生活」、「強迫女性坐在自己旁邊」等不必要的性接觸。而且，許多加害者沒有意識到，這些言論與行為都是性騷擾。

繼聚餐場合之後，另一個性犯罪率高的地方是聚餐後的KTV，因為人們在裡面時容易發生肢體接觸。發生在職場內的性騷擾與性侵的投訴案件數，一直不斷地增加。

性犯罪不會因為是發生在職場內就比較不殘酷。最近，甚至發生了這樣的情況：藝人性騷擾與性侵有業務關係的女性工作人員，最後被判緩刑。事情是發生在住家，兩人喝酒後，而職場內的性侵案件也都有類似的現象。公司聚餐後的續攤地點經常發生殘忍的性犯罪案件。

我所監管的性犯罪者之中，沒有人是因為「在職場內犯罪」而戴上電子腳鍊的。儘管是發生在職場內，但只要犯罪手法殘忍，就會被歸類為特殊犯罪。職場內的性犯罪通常在兩天一夜的研習或出遊活動時演變為暴力犯罪。曾經有一案例是多名男性員工集體強暴了一名新來的女性員工。雖然聽起來很極端，但那是真實發生過的事。

人多的空間裡，很少發生性犯罪；兩人獨處時，性犯罪最容易發生。如果公司裡有人希望你與他獨處，請提高警覺並小心應對。落單時是最危險的。而如果加害者的職位比你高，你可能必須經歷漫長的抗爭。

在公司裡的職位愈高，被處罰的程度愈弱，這是企業裡的現實。他們只會受到輕微的處分，不久之後就能夠重返原有的職位。而且，被害者往往不得不繼續與加害者共事，最後不得不選擇辭職。

我希望各位不要默許性暴力的存在及接受這樣的現實。請鼓起勇氣揭發。

PART 7

不同情況下的安全對策

01 讓回家的路安全無虞

新林洞事件的影片顯示出，夜晚走在韓國的路上有多麼危險。盯上女性的性犯罪者非常瞭解什麼情況對他們而言是最有利的：深夜、人煙稀少的地區、獨自返家的女性。這種情況下，女性往往感覺不到別人的跟蹤，或者即使知道有人跟在後面也無計可施。

盯上獨自夜歸的女性的性犯罪者通常很執著且大膽。因為擔心對方察覺後逃走，他們會不停地觀察四周，保持一定的距離，並且窮追不捨。即使被對方發現，只要情況允許，他們也會一不做二不休地直接上前犯案。

從新林洞事件可以看出，即使女性已經進入家門，他們也會試著拽門把、按密碼，甚至一邊敲門，一邊嘗試對話。誰能保證你不會遇上這種事？沒有。大多數的性犯罪案件是沒有被媒體報導的，代表它也可能發生在你身上。

無論如何，都要走在有監視器的路上

韓國到處都設有監視器。從建物入口、走廊、街道到自家門前，我們所走的每一步幾乎都會被拍攝，而且，政府也不斷編列預算，在缺乏監視器的地方裝設監視器。為何要安裝這麼多的監視器？

這都是為了預防犯罪與維持治安。此外，也會用於多種目的，例如取締非法停車、亂丟垃圾、利於大樓管理等。亦即，私人裝設的監視器也可能應用於公共目的。不過，監視器並不是一種可以百分之百保護你的萬能犯罪預防裝置。從新林洞事件就可以得知，即使有監視器畫面作為證據，也無法阻止犯罪的發生。

但無論如何，請盡可能走在有監視器的路上。只要你發覺自己被跟蹤或遇上犯罪者，就可以按下監視器的緊急按鈕，它會連結到綜合管控中心，出動距離你最近的警察，並且持續與你對話。

此外，監視器也可以在事後提供有用的證據，用來指認犯罪者。倘若犯罪未遂，他們會繼續尋找下一次機會，在同一個區域裡遊蕩，不斷尋找犯罪目標。監視器的設置有助於增進你回家途中的安全。

保持警覺

只要養成習慣，時時對周圍保持警覺，也有助於預防犯罪。獨自夜歸時，請開啟所有的感官，敏銳地觀察四周。住宅區的巷子裡總是停著許多汽車，即使看似無人，也可能有性犯罪者躲藏在內。如果你發現可疑人士，也不要好奇上前觀看，請快速離開並且報警。警察會在夜間進行巡邏，即使是純粹與警察交談，也能有效預防遭遇犯罪。

此外，還有一種行為是很危險的，那就是邊走邊戴耳機或使用智慧型手機。如果你對於周圍的環境不保持警覺，當你淪為犯罪目標時，就難以逃脫。

不定期變化回家路線

如果妳是每天都在同一時間返家的女性，請不定期更改回家的時間。假使性犯罪者緊盯著妳，就必須混淆他的認知。很多性犯罪者是在長期觀察目標對象的返家時間與路線之後，進而得逞。我所監管的性犯罪者中，就有人是經常坐在長椅上觀察路人，最後盯上一個總是在同一時間路過的女子。

改變回家的路線是最好的辦法。請不定期變化返家的時間或路線，不應該讓任何人掌握妳回家的模式。

使用防身用具

很多人知道防身用具的必要性，卻依然覺得很麻煩。這就是為何有許多人購買了防狼噴霧、口哨或電擊棒，卻很少有人真正隨身攜帶。即使曾經因為害怕而將東西放在口袋裡，也會因為久久都沒用上而不再攜帶。但是，意外總是發生在一瞬間且意想不到的時候。

如果知道有人已經盯上妳，請盡早隨身攜帶防身用具。盡早應對可以防止犯罪的發生。如果猶豫不決，當有一天身心受制於人，就會連使用防身具都很困難。最近，市面上還出現一種可以掛在手機上的口哨。為了預防犯罪，妳應該不擇手段，因為性犯罪者也會不擇手段。

檢查回家的路

有看過推理小說嗎？請試著想像並推理回家路上可能遭遇的各種情況：如果遇到性犯罪者，他可能會躲藏在哪裡？如果對方上前，妳應該如何應對？重要的是，應該要知道距離最近的派出所、二十四小時便利商店、人潮多的道路及設有監視器的位置，以便在緊急情況下尋求協助。

在韓國，民眾也可以利用「性犯罪者e告示」找出住在妳家附近的性犯罪者的資料。意外的是，一個總是和善地向妳打招呼的人，也可能是一名性犯罪者。事先知道這一點，也可以避免遭遇性犯罪。

最簡單的方法是避開陰暗的小巷。盯上回家途中的女性的性犯罪者會非常有耐心地等待目標走進黑暗的角落，因為他已經下定決心犯案。如果可以繞路，請務必繞路；如果不得不走過去，也請保持警覺。若是感覺到有些異樣，請迅速離開。

利用「女性安心服務」

每個人都必須保持警覺。不過，如果國家的安全體系也完備，人民才有辦法生活得更好。韓國政府提供了「女性安心回家服務」與「性犯罪者e告知網」的資源，如果必須在深夜獨自一人回家，請積極利用。

有些地方的資源也許不夠完善，但只要強烈要求，資源會日益完備。請積極向政府提出要求。

02 學會辨認假冒者

「我是首爾中央地檢的○○○調查員，你的帳戶在京畿道光州市被非法利用了。」如果接到這樣的電話，請立即說「不」，因為這是詐騙。我也曾經接過這樣的電話，對方表示：「確認之後我會再次聯絡您。」但對方後來再也沒打電話來。假冒他人的性犯罪者也是如此，他們的表現總是非常地自然且大方。一旦他們盯上犯罪目標，就會不惜一切地製造出一對一的情境，熟練地上前搭話，使對方相信自己。待時機成熟，就會強暴對方。

他們最常假冒的職稱是公務員，其中，最多人假冒成警察，說出對方父母或孩子的姓名來進行詐騙。但請千萬不要驚慌，只需要保持鎮定，透過最可靠的辦法來確認對方的身分並採取行動即可。臨危不亂即可擺脫危機。

小心不請自來的訪客

有各式各樣的人可能到訪你家，包含熟人、鄰居、朋友、郵差、快遞員、抄表員、人口調查員、社工、網路技師等。但是，如果這些訪客其實是假冒者，該怎麼辦？

首先，請確認來訪者是否事先通知過你。網路與任何居家服務技術人員一定會事先告知到訪時間，最近，相關單位甚至會先提供這些到訪者的姓名與表相。公務員也是，他們是政府官員，幾乎都會提前聯絡與告知到訪時間。如果你獨自在家有人意外到訪，請勿讓對方進入，務必要求對方提前告知後再來訪。

曾經有一名抄表員趁我不在家時到訪。因為平時只有我的祖母獨自在家，所以我在房子周圍安裝防盜用監視器。我透過手機連線看到，該名調查員看過瓦斯度數後，還在附近徘徊了一陣子。因為太奇怪，我打了電話給瓦斯公司，要求他們的人員到訪之前務必先行告知。

小心路上遇到的人

走在路上，也可能遇見假冒者。任何一個陌生人靠近你的時候，都應該保持警覺。但是，如果對方向你搭話，該怎麼辦？如果對話之後，沒有感到奇怪的地方，又該怎麼辦？

我二十多歲時到首爾的時候，曾在路上遇到有人說：「你長得一表人才，一定會成功！」對方介紹自己是著名命相館的老師後，表示：「如果來坐坐，我會更深入地解析你的人生。」如今想起來仍覺得害怕。我當時年紀小，如果那時我沒有其他的事，差一點就跟著他走了。假冒者就是這樣接近他人的。

他們會大方表明自己的身分。如果是假冒刑警，他們會說：「我是〇〇警察局的刑警〇〇〇」，然後自然地將對方引誘到沒有人的地方，並且犯罪。如果遇到這種情況，請立即向該警察局進行確認，不要貿然跟著對方走。有人可能會確切地講出你家人的姓名，讓你誤以為家人真的牽扯上犯罪案件。但是，請一樣要仔細確認過。除此之外，他們還可能假冒成任何你可能信任的職業人員。但請想一想，在路上接近你的人，對你的瞭解會有多少？保持警覺有利無弊。

管理好社群媒體帳號

在這個時代，人們的個資非常容易外洩。只要有心，就可以查出任何人的年齡、姓名、身分證字號、出生地、住址、工作地點，以及經常去的地方。聰明的假冒者會在社群媒體上仔細地翻找這些個資。實際上，就有一些性侵犯是駭入社群軟體並發送訊息、進行性騷擾，或者看過女性的照片與生活樣貌後進行犯罪。為了避免自己成為犯罪目標，建議你保護好你的個資，不要在社群媒體上暴露過多有關自己的資訊。與人溝通交流的確很重要，但也請保護自己不要受到不特定多數人的侵犯。

03 當陌生人請求幫忙

我曾經看過一則搞笑的偷拍影片。有名腿上打石膏的男子正在很吃力地下樓梯，接著，他詢問一名正好路過的女子：「可以幫幫我嗎？我的腿受傷了。」女子聽了毫不猶豫地上前。這時，男子的朋友出現：「有個美女剛剛走過去。」打石膏的男子便突然跑走消失蹤影。聽起來很荒謬吧？

性犯罪者也是如此，他們會表現得像是他們真的需要別人幫助的樣子。為了欺騙對方製造出緊急、危急或需要幫助的情況。如果是你，難道不會想幫那個打石膏的男人嗎？

愈緊急，愈要冷靜

如果有人激動地上前，對你說：「有人跌倒了，請幫幫忙！」四周都沒有人，受傷的人也不在你的視線範圍內。在這種情況下，你應該保持冷靜。如果沒有看到任何人受傷，請特別小心。女性要意識到自己是獨自一人，最好的辦法是先在原地報警。如果真的有人受傷，報警絕對沒有錯。

不然，找其他人陪同一起去幫忙，也是一種辦法。如果有人真的受傷，別人也可以提供幫助；如果對方是性犯罪者，別人也可以協助保護你。最重要的是，即使情況緊急，也不要自亂陣腳。

你看過真正的事故現場嗎？即使有人滿臉鮮血，救難人員也會鎮定又迅速地採取急救措施，瞭解對方的身分。情況緊急並不代表你應該緊張地跟著陌生人走。

勇敢拒絕

如果有陌生人前來尋求幫助，請拒絕他。如果遲遲無法決定是否提供幫助，則更應該拒絕。聽到有人需要幫助時，內心往往會在意，這是人之常情。但是，你能幫上最大的忙應該是先報警。如果你認為「如果有人受傷但我沒有幫忙，他會怎麼樣？」或「不幫忙我會感到內疚」，最好找到其他人一起行動或報警。我所監管的性犯罪者之中，就有人是謊稱朋友摔倒，利用被害者的善心而得逞。

04 如何應對職場性犯罪

職場內的性犯罪並不是一個簡單的問題。如果發生口頭或身體上的性騷擾或性侵，被害者的痛苦往往無法表達出來。職場是謀生之地，也是實現自我的地方。但是，被害者卻在其中經歷了巨大壓力，不只感到不舒服，連生活的本質都發生劇變，從此身心俱疲。

有些人會在職場上隨意地性騷擾他人，而且毫不認為有問題，例如不經意地以言語騷擾：「妳昨天跟男朋友約會嗎？一定很爽吧！」、「妳要常穿裙子啊！」、「你要多笑啊，這樣辦公室氣氛才會好！」除了言語上性騷擾，也有很多肢體上的性騷擾，例如聚餐時強迫女性坐在自己旁邊。

如果遇到這種情況，請不要容忍；如果同事遇到這種情況，也請不要旁觀，勇於發聲。如果多人團結，正式地向公司舉發，以公司的立場而言，管理者並不會坐視不管。此外，也必須努力改善現況，不再讓加害者逍遙度日，被害者卻得哭著離開公司。在性犯罪的案件裡，無所謂職位高下之分。

保持堅定

職場內，最困難的事情是「保持堅定」。但是，性犯罪是不可輕易原諒、確確實實的犯罪行為，所以毫無妥協的空間。無論是言語上、肢體上的性騷擾，還是性侵，都不應該姑息。

請從一開始就態度堅定地面對與處理，否則加害者將繼續欺負你。你可能會害怕自己過於堅持，會產生謠言，對自己不利。但請記住，如果不能及早應對，情況只會變得更糟。在職場內遇到性騷擾或性侵時，可以尋求法律的保護。

表達出你的不舒服

如果在職場遇到讓你在性方面感到不舒服的情況，請立即表達出來。事實上，成天發表性相關言論的人是習慣為之。很多情況下，如果沒有人告訴他們，他們不會知道那是錯

誤的行為。無論如何，無論對方是知而為之，還是不知而為之，都應該表達你的不舒服

如果主管一邊摸妳的肩膀，一邊說：「好像胖了？最近跟老公處得很不錯喔！」而妳只是笑笑地回應：「主管謝謝，是因為我最近在健身。」就這樣過去的話，可能會表現得像個懂得應對的人，但是也將使這樣的性騷擾持續發生，妳的主管會以為妳並沒有被他的笑話冒犯到，或者以為妳是開得起這種玩笑的人。建議妳明確地表示：「主管，你的話讓我覺得不舒服，有可能會造成問題，請你克制。」

實話實說

如果在職場內遭受性侵，應該將實話實說。如果警告對方後仍然沒有改善，請毫不猶豫地揭發他。唯有如此，對方才會停止一連串的犯行。最好是在加害者、同事、前後輩都在場的場合中勇敢地說出來。這不是要侮辱加害者，而是作為一個被害者，必須將發生在組織裡的事情說出來，才能改善組織文化，打造一個適合工作的環境。與負責管理整個團隊的主管談一談，也是一個好辦法。

如果你持續受到性侵，請記錄下日期、時間、地點、加害者的行為、你的反應與感覺，也可以錄音。用手寫日記的方式也可以，但盡量利用手機，在被害後即時記錄。如果你有社群媒體或通話的紀錄，也請備份起來。

如果進入法律程序，有客觀證據會更容易讓對方遭受懲處。如果缺乏證據，被害者必須進行多次陳述，舉證較為困難。

小心兩人單獨相處的情況

如果公司聚餐後，主管邀你單獨再喝一杯，該怎麼辦？如果是沒有其他同事的場合，請堅定地拒絕，因為這是性犯罪者濫用權力與地位的一種典型策略。當他與目標對象單獨相處時，他會嘗試分享個人私事以建立親密關係，接著要求你與他待在一起，最後犯下罪行。他們會努力促成一對一單獨相處的情境，利用權力與職位來接近你。

當然，主管可能是特別信任你，或者有重要的事情要告訴你，例如業務相關內容或私下的請求。但如果是已經喝了酒的狀態，請務必拒絕，盡量在頭腦清醒時再進行正式談話。

05 獨自居住的安全對策

我二十多歲時也曾經獨居過。我的室友找到工作後，也是一個人住。當時，我住的是一間半地下室套房，打開窗戶的話可以看到隔壁的菜園。我開始獨居後，發現我有一個壞習慣，就是不鎖門！有室友的時候，我並不知道我有這個習慣。因為下班後很累，所以我經常洗完澡後立刻就寢。某一天，我閉上眼睛後，卻突然察覺到門外有人的動靜。我的眼睛瞪大並看向前門，發現有人正在嘗試開門，對方是一個男子，讓我嚇得起雞皮疙瘩。我大喊：「是誰！」但對方沒有回應。我身為一個跆拳道四段的人，正想著自己是有什麼好怕的，準備鼓起勇氣起身走過去，但最後還是按兵不動，因為我開始擔心「如果他有武器，該怎麼辦？如果他有共犯，該怎麼辦？」所以，我又喊了一次「是誰？」他才驚慌地說：「噢，抱歉！我走錯地方了。」我打開門確認，發現是住在隔壁的大叔。

從那天起，我回家後都會確實鎖上窗戶與大門。如果你是獨自居住，請務必鎖好門窗，這是基本中的基本。只要關好門窗，就可以防止80%的性犯罪事件發生。實際上，侵入住宅的性犯罪者大多是透過沒上鎖的窗戶或大門進入的，而不是強行侵入。

成為諜報人員

成為諜報人員？為何突然這麼說？如果你自己一個人住，必須像間諜電影裡的諜報人員一樣地行動。

電影裡，諜報人員無時無刻不在想辦法防止外部的侵入。外出回家後，他們會立刻檢查窗戶或家中物品是否被動過。如果察覺到任何變動或不對勁，他們會立刻搜索周邊區域，並且在家中設下許多陷阱。如果有人觸摸桌子上某個物品，攝影機會立刻拍下犯人的模樣。一般人雖然做不到這種地步，但必須對一切變化保持敏銳與警覺。

我知道，忙碌的早晨裡，往往忙不過來，打理自己都來不及，遑論檢查住家門窗。晚上回家也只想趕快休息。但如果不檢查，你不會知道窗戶是不是打開的，物品是不是放在原本的位置。家應該是你最安全的地方，請一定要隨時檢查。

「哈巴狗事件」的加害者心思非常縝密，體能也非常出色。他看到一名女子出門後，會迅速沿著屋外管線爬上去；即使是在高樓層，他也照樣爬，接著躲在房裡等待那名女子回家。因此無論有多忙，請務必鎖好門窗，並記住物品的位置。回家後，如果發現有任何可疑的地方，例如物品的位置發生了變化、出現以前沒有的氣味，或者窗戶是打開的，請毫不猶豫地走到外面並且報警。務必成為一個敏感的諜報人員。

補強住家脆弱的角落

你家最脆弱的地方是哪裡？實際上，所有與戶外連接的地方都是很脆弱的。請根據以下內容，檢查住家環境。

第一，是否有防盜窗？如果有，夠堅固嗎？

性犯罪者經常從窗戶侵入住宅的管道。但是，多數獨居者都不在意窗戶的狀態。如果已經裝有防盜窗，他們甚至會感到百分之百安心，在窗戶打開的情況下入睡或外出。但是，防盜窗並不全然安全。前面提過，成年男子用力的話，防盜窗就會彎曲或被打開。性犯罪者非常清楚防盜窗的弱點，即使無法打破，也會不擇手段地打開。

因此請定期換裝最新的窗鎖。浴室的小窗戶也要一併檢查，你可能會想「誰會從這麼小的窗戶進來？」，但確實曾經有人這麼做。

第二，鎖是否夠堅固？

性犯罪者也經常從住家大門侵入。他們會先拉動大門的把手，確認大門是否鎖著或沒鎖好。所以，請務必先檢查大門的鎖，無論是鑰匙鎖、按鍵鎖或指紋鎖，都要換成最新的，並且定期檢查。經常性的檢查很重要，因為鎖也可能背叛你；除了務必要檢查電池，如果是鑰匙鎖，請換裝更安全的形式。如果是按鍵鎖，要不時更改密碼。如果是指紋鎖，請經常擦除上面的指紋。

第三，大門附近有監視器嗎？

你可能已經養成注意安全的習慣，在開門前會先觀察四周，或在走廊上或大門前安裝監視器。

但是，巧妙的性犯罪者會利用監視器來找出大門的密碼，或在旁邊安裝一個微型攝影機來找出女子的上下班時間與鎖的密碼。所以，請經常更改大門密碼，並徵得大樓住戶的同意，經常更改大樓出入門的密碼。有人會在門上寫密碼，方便收取包裹或外送的食物，但這是非常危險的行為。

第四，你住在高樓層嗎？

住在高樓層的人往往會放鬆警戒。但是，對於可以輕易爬上高樓的性犯罪者而言，高樓並不是問題。你要檢查的第四個地方是窗戶外面，如果瓦斯或空調管線離窗戶太近，請塗上潤滑油或螢光物質，讓對方無法攀爬上來，或者有助於事後找出犯罪者是誰。此外，只要加上警告標語，犯罪率也會降低。

犯罪者不一定都是往上爬，他們也可能會從屋頂下來，或從隔壁的陽台爬過來。請從各個角度思考，並做好準備。

第五，如果性犯罪者闖入家中，該怎麼辦？

最好是不要讓性犯罪者闖入家中，但如果性犯罪者已經闖入了，該怎麼辦？他們通常會手持廚房裡的刀，架在女性的脖子上進行威脅，讓女性無法報警。

因此，請經常模擬情境並採取預防措施，將可能構成威脅的器具（例如刀）隱藏起來，並安裝緊急呼叫器，以便你可以按下按鈕報警。準備好防身用具也是很好的辦法。你可能會想：「我怎麼可能遇上在家裡拿刀跟人對峙的狀況？」但還是有可能發生的，請至少模擬一次，為各種情況做好準備。

盯上獨居者並侵入住家的性犯罪者，與其說是一時衝動，不如說是長期計劃，偷偷跟蹤女性，確認對方獨居、住家密碼多少、幾點回家後才進行犯罪，因為如果毫無計畫地侵入，結果發現有其他人在家的話，行動就會失敗。而且，令人意外的是，他們有時會針對認識的熟人或鄰居下手，因為他們知道對方是一個人住。

為了保護你最重要的避風港，你必須養成基本的安全習慣，並保持敏銳。

06 懂得說「不」的孩子

以兒童為對象的性犯罪中，有80％是熟人犯案，加害者可能是家人、鄰居或老師。他們會在孩子面前表現得像隻綿羊，而不是野狼。要如何保護孩子免受他們既親密又熟悉的性犯罪者侵害？

首先，不正確的教育會讓孩子處於危險之中。

孩子還不夠成熟，無法正確地判別情況，所以父母必須明確地告訴孩子「什麼樣的人是壞人」。當你要求孩子畫一個壞人，每個人都會畫出看起來像狼或怪物的人。但是，實際上傷害過孩子的人不會是長那個樣子。相反地，他們往往看起來討人喜歡，或讓人感覺很善良或親切。

請站在孩子的角度，清楚地告訴他什麼樣的人是「壞人」。例如「在你獨自一人時要你上車的人」、「在路上問路並要你一起去的人」、「給你糖果禮物並要求你跟著他走的人」、「要你跟著走，說會給你摸小狗的人」，盡可能舉出具體的例子。如果遇到這樣的人時，孩子應該立即通知父母，並且不要跟隨對方而去。讓孩子多練習拒絕他人的話術，也很有幫助。

如果認識的人、看起來值得信任的人與孩子產生身體接觸，請孩子堅定地拒絕並表達不舒服。如果教導孩子「好孩子必須聽大人的話」、「即使不喜歡，拒絕就是不禮貌」，會讓孩子處於危險之中。

第二，性教育必須從家裡做起。

性教育對兒童至關重要。現在，不僅在學校，在家中也需要進行性教育。父母從孩子出生開始，就應該照顧好孩子的身體，告訴他們正確的性器官名稱、男女之間的差異，以及養成性自主權，一切都必須從家裡做起。從父母那裡接受過性教育的孩子能夠準確地意識到性犯罪的發生，成年後也不會隨意發生性關係，並且會積極預防性犯罪的發生。

第三，讓孩子學習如何舉發。

孩子缺乏力量。因此，當成年人接近孩子並施加壓力時，孩子是無助的。即使知道要向110或113舉發，孩子也未必真正學到舉發的步驟。可能口頭上說得出來，但如果要孩子實際操作一次，他們可能不知道如何執行。

請教孩子如何向他人尋求幫助。也許，與其教孩子如何區分好人和壞人，不如教他們如何向身邊的人求助和舉發，還來得更有效。請教導孩子，如果遭受性虐待或性侵，要撥打110或113，說明地點、事件經過，並且立即告訴父母。

兒童落單時的安全對策

性犯罪者會在什麼時機對兒童下手？答案是孩子落單的任何時候。無論是陌生人還是熟人，都會盯上落單的兒童，所以不要讓兒童獨自一人。但是，如果出現不得不讓孩子獨處的狀況該怎麼辦？

首先，如果孩子必須一個人在家，該怎麼辦？

獨自在家的孩子最應該警戒的人是「按鈴拜訪的人」。鄰居也可能是危險的。大多數的熟人犯案都是知道隔壁家有孩子的鄰居所為。

要讓孩子獨自一人在家時，請教他們「不要幫任何人開門」。所有不請自來的訪客都不會是要找孩子的。每當有人上門按鈴，父母都要仔細檢查對方身分再開門。如果孩子看到父母隨便就將門打開，當他獨自在家，也會習慣性地隨便替對方開門。

此外，許多父母會讓孩子自己叫外送食物，必須特別小心。如果父母無法為孩子準備三餐，只能透過叫外送方式，最好是父母親自訂購。

此外，請將家裡可能作為凶器的物品收起來，並關好窗戶。

第二，如果孩子必須獨自行動，該怎麼辦？

孩子一旦無人照看，他或她就可能成為犯罪目標。在操場、街上、學校獨自玩耍的孩子、獨自上下學的孩子、在戶外長椅上獨自滑手機的孩子、獨自走在陰暗小巷裡的孩子，都容易成為犯罪目標，絕對不要讓孩子獨自行動。可以的話，盡可能與孩子同行。放學後去補習班、去公園玩的路上、從朋友家走回家的路上，都盡量要有父母同行。

如果父母無法與孩子同行，孩子可以與朋友結伴，或者雇用保母陪同孩子上下學。現在，很多補習班的老師會開車接送孩子，發送訊息到父母的手機，通知孩子的出勤狀況，所以應該盡可能隨時仔細確認。只要減少孩子落單的時間，就可以減少90%的性犯罪發生。

第三，讓孩子懂得說「不」。

請教導孩子，無論是陌生人還是熟人，只要有人觸摸自己的身體時，都要說「不」。事實上，認為孩子很可愛是人之常情。有些成年人在乘坐地鐵或公車時，會隨隨便便就觸摸孩子的臉頰或頭部。但是，在這種情況下，父母應該說「不」，孩子才會意識到，任何人都不可以隨時觸摸自己的身體。

如果性犯罪者成功博得孩子的青睞，他們會試圖激起孩子更大的好奇心。他們非常瞭解孩子喜歡什麼。因此，請讓孩子知道，如果有人無緣無故地給自己一些東西並讚美自己，請拒絕他。有人會說：「如果有人給，就大方接受呀。」但是，孩子應該要學會如何堅定拒絕。

第四，瞭解孩子的移動路線。

你瞭解孩子的作息細節嗎？如果是嬰兒，監護人當然無時無刻不在身邊。但如果是小學生，孩子就會有自己的生活，與父母不在一起的時間愈來愈多。因此，父母應該掌握孩子是否正常上學與去補習班，以及哪一天要去找朋友玩。

請要求孩子告知父母他每天的行程，瞭解孩子的移動路線與所在位置是保護孩子免受性侵的一種方式。有些父母不常與孩子好好溝通，深怕孩子認為是一種干涉。但是，孩子仍未成年，請讓孩子意識到他有義務告知父母自己的去向，並且建立穩定的信任關係。

如今，很多孩子因為使用智慧型手機，而背不出父母的電話號碼，但至少應該要記住父母的電話號碼。

2014 年 10 月，模擬聯合訓練

為了保護人民的生命與安全免受暴力犯罪分子的侵犯，保護觀察所與警察署進行了合作。這天，我們根據實際可能發生的情況進行了模擬聯合訓練，現場的氣氛就像在拍攝電影般，人人都全副武裝，準備追捕正在逃亡的罪犯。為了保護人民的生命與安全，我們每天24小時不間斷地緊盯著他們。

2015年11月，武道實務官

以為所有的暴力犯罪分子都是長得一副凶狠殘暴的樣子，這樣的想法其實是錯誤的。他們也是人，也會渴望獲得溫暖的言語與安慰。而且，他們會對保護觀察官說：「辛苦了，謝謝你。」只是，他們之中仍然有一些人難以正常與人對話。這時，武道實務官就是一個如同光芒般的存在。他們站在打擊犯罪的最前線，使得他們不得不與犯罪分子之間產生摩擦，可以說是問題解決者。儘管待遇不

佳，他們依然站出來守護人民的安全；即使沒人知道，他們依然每天24小時為了預防犯罪的發生而奮鬥。我希望全國所有的武道實務官都不要放棄，請繼續加油！

某個夏日，清州保護觀察所

這裡是宣導「建立法律與秩序」的機構：保護觀察所。為了監管暴力犯罪分子，我們每天輪班工作，24小時從不間斷。我在這裡工作第八年了，週末對我而言是不存在的，但我已經習慣了這個地方，就像家一樣地溫暖。有

時，路過的市民會問：「這裡面關了多少罪犯？」、「如果罪犯逃獄了，該怎麼辦？」可見，大眾經常側目看待保護觀察所。但是事實上，保護觀察所並非拘留所，裡面沒有任何罪犯。我希望各位將保護觀察所視為一個守護人民安全、努力打擊犯罪的地方

—特別收錄—

當親密的性犯罪者出現在台灣

作者　法律白話文運動・資深編輯
江鎬佑律師

從彭婉如事件、華岡之狼，到馮滬祥性侵案

在1990年代的台灣先後歷經了華岡之狼、彭婉如事件，前者犯下25件強姦、猥褻性侵害案，是全國連續犯案次數最多的性侵罪犯，當時因為被告主要犯案地點在文化大學所在的華岡地區犯案，主要的侵害方式是專挑獨居在學校外的女子，所以被稱為「華岡之

狼」；後者發生在1996年11月30日，擔任民進黨婦女部主任的彭婉如南下高雄參加活動，不料在準備回到下榻的圓山飯店的路上遇害，身中35刀。

直至2020年，又發生了位於台南的馬來西亞女學生命案，這些來自於陌生人的性犯罪總是會引起社會霎時的恐慌，然而根據相關的統計數據所示，多數甚至超過七成的妨害性自主案件，並非來自於陌生人。

多數的性侵案屬於熟人犯案，而其中大部分發生的場景則與馮滬祥性侵案相似。馮滬祥這個名字對很多年輕人或許陌生，但是翻開他的經歷，他不僅曾任蔣經國祕書、國大代表、立法委員、教授，更曾代表新黨擔當副總統候選人，而他在2004年被其聘用的菲律賓籍看護控訴性侵，直至2016年該案件始有罪定讞。

會說大部分性侵發生在如馮案一般的場景，是因為縱然並非所有熟人性侵的加害者都有如馮滬祥這般的資歷，然而常見的熟人性侵案件包括家內性侵、狼師、色老闆等類型，加害者都是利用其優勢的地位壓迫因為年紀、身分居於弱勢者的被害者。這些類型的性侵害因為加害者是熟悉的人，所以難以預防；又因權力關係的不對等，加害者得以故技重施。

台灣現行性犯罪相關的法律規範

關於台灣性犯罪相關法律規範主要可以分成幾個部分。首先是關於刑法，主要規定在目前刑法第十六章——妨害性自主罪罪章中，本章所保障的是他人關於性意思形成與決定的自由。按照最高法院的見解，所謂的性自主權包含**選擇權**、**拒絕權**、**自衛權**、**承諾權**四種內容。

「選擇權」是指任何人均享有是否進行以及選擇如何進行性行為的權利；所謂「拒絕權」指的是可以無須任何理由，拒絕對於他人無論善意或惡意的性要求；「自衛權」則是指任何人對他人的性侵害皆有防衛的權利；「承諾權」則是指任何有承諾能力之人對於他人提出的性要求，有不受干涉而得完全按自己意願作出是否同意的意思表示[1]。

而這樣的保護內涵也具體展現在各個條文之中，如刑法第２２５條、第２２７條、第２２８條，分別規範了對於利用他人身體或心智機能，不能或不知抗拒而為性交的「乘機性交罪」，與未成年發生性關係的情況及利用權勢與他人性交的規定。

不管是與未成年性交、乘機性交、利用權勢性交，就字面上看起來被害者並沒有具體

「拒絕」，然而加害者卻利用了被害人無法承諾，或是不具有完整承諾能力、承諾能力有所瑕疵的情況下而對被害人實施侵害，所以縱然乍看沒有如一般人對於「強制性交行為」的印象——充滿強暴、脅迫等外顯的強制行為，這些行為仍不失屬於性侵害的本質。

在台灣妨害性自主罪本來不叫妨害性自主。1993年修法以前，相關性侵害的法規都放在妨害風化罪章裡頭，一直到該次修法後始將該章的章名改為妨害性自主罪，除了彰顯若干條文對於自由權、身體不可侵犯權及性自尊的侵害。在該次修法中也以性交取代姦淫，並將強制性交罪中「致使被害人不能抗拒」的要件刪除，以避免這樣過於嚴苛的要件，導致學說上有「被害人必須冒著生命危險，奮勇強力抵抗侵害之一方，加害人始會構成犯罪」的爭辯。更將原規定中的「他法」，修改成「其他違反其意願之方法」，表明任何違反被害人自由意志之性交行為，皆成立本罪，以符合性自主法益受保護之精神，可見

1 最高法院刑事判決107年度台上字第3348號

其實已偏向個人法益之保障[2]。

而除了刑法以外，為了防制兒童及少年遭受任何形式之性剝削，保護其身心健全發展，我國法規範還訂有「兒童及少年性剝削防制條例」，主要的規範包括了使兒童或少年從事性交易、或是利用兒童或少年為性交、猥褻行為，以供人觀覽，拍攝相關的照片影片，坐檯、伴遊等行為。

條例中除了相關行為的罰則以外，也將救援及保護甚或是安置及服務都歸犯罪條例中。舉例來說，最近發生在韓國的N號房事件中有許多被害人是未成年人，在台灣如果涉及相關事件，依照該法第8條的規定，網際網路平臺提供者、網際網路應用服務提供者，以及電信事業知悉或透過網路內容防護機構、其他機關、主管機關而知道有相關犯罪行為的資訊、影像，除了在保留相關資料後移除相關資訊，也必須即刻通知警察機關，以進而提供司法及警察機關調查。

台灣現行性犯罪相關的法律規範中予被告的懲罰與後續

為了防治性侵害犯罪，關於性犯罪另一個主要的規範則規範在性侵害犯罪防治法中，該法規的內容雖然僅有區區二十多條，但是卻扎扎實實、決定性地影響了目前實務關於性犯罪的處理方法。

性侵害犯罪的被告在判決確定後會入監執行法院所處的刑期，而在獄中會先評估所需要進行的是輔導教育或是身心治療，相關內容包括認知教育、行為矯治、心理治療、精神治療等「刑中強制治療」。另外，在出獄前夕若經過鑑定、評估，判斷有再犯風險並有施以強制治療的必要時，按照監獄行刑法第１４０條，監獄應該在刑期屆滿前四個月，將收容人應接受強制治療的鑑定、評估報告等相關資料，送請檢察官；檢察官最慢在收容人刑期屆滿前兩個月，就必須向法院聲請加害人出監後強制治療的宣告。

2 最高法院刑事判決１０４年度台上字第１０６６號

當評估結論認為有高再犯風險，未能通過身心評估，這些服完刑的性侵加害人就必須進入相當處所施以強制治療，直到再犯風險顯著降低。在強制治療期間，每年會再評估一次，這也就是一般所稱的「刑後強制治療」；而對於沒有判刑入獄的性犯罪者（可能涉及較輕或是被科以緩刑之情況）或是已經服刑完畢者、經過法院裁定停止強制治療者，按照性侵害防治法第20條第3項，觀護人對於付保護管束的加害人可以實施約談、訪視，並得進行團體活動或問卷等輔助行為。有事實足以確認其有再犯之虞或需加強輔導的被管束者，可以密集實施約談、訪視；必要時也可以請警察機關派員定期或不定期查訪。觀護人也可以在檢察官許可下對於這些加害者實施科技設備監控，或是禁止其接近特定場所或對象。

台灣現行性犯罪被害人所可以獲得的司法協助

上述所提的性侵害犯罪防治法，除了基於防制性侵害犯罪，就性侵害犯罪者的社區處遇、強制治療有所規範外，也設有相關保護及協助被害人權益的法規範。

如性侵害防治法第8條便規定專業人士的通報義務，另外在《性侵害防治法》也有若干法律上的資源扶助。像是該法第15條就提到，性侵被害人在偵審階段，可以由法定代理人、配偶、直系或三親等內旁系血親、家長、家屬、醫師、心理師、輔導人員或社工人員陪同；第19條也有對於性侵被害人律師費的補助。

在程序進行的過程中，對被害人的訊問或詰問，可以依照聲請或法官依職權在法庭外進行，或利用聲音、影像傳送之科技設備或其他適當隔離措施，將被害人與被告或法官隔離。這樣的措施方式，在避免被害人接觸被告，造成二度的傷害跟被告對質詰問權之間取得平衡。

此外基於保護性犯罪的被害人，並慮及被害者的隱私考量，性侵害防治法中也規範了被害人資料的保密、禁止媒體或其他方法公開揭露被害人身分的資訊，違反者都必須負擔相關的罰則。

當悲劇發生的剎那我又該如何應變？

要避免性侵害發生的先決條件，是每個人必須先建立起捍衛自己身體自主權的意識，因為唯有具有這樣的意識才不會讓對方「軟土深掘」，而也只有具有這樣的意識，當憾事發生才會開口尋求協助。

具備了身體自主權意識之後，台灣政府為了防治性侵害、性騷擾及性剝削行為，保護被害人權益，在各地均設有**家庭暴力暨性侵害防治中心**。當被害人前往醫院進行驗傷時，因為相關醫療院所有通報義務，所以醫院檢傷採證之時，社工師便會開始介入協助。此外，性侵被害人只要透過家庭暴力暨性侵害防治中心此單一窗口的求助管道，就能獲得社政、警政、醫療、教育、司法等單位，所提供之緊急救援、醫療、安置、諮商輔導、庇護安置與法律等協助。

在法律層面妨害性自主案件的核心在於取證問題，許多相關文獻都顯示，要被害人牢記、指認或描述加害人特徵是痛苦且困難的，但是在訴訟取證方面卻是很重要的關鍵。所以盡可能地保持冷靜，盡速就醫檢查，盡可能保持身體及衣著上的證據；如果是陌生人性侵，則盡可能牢記歹徒的各項特徵。

在悲劇發生的剎那，唯有做到這些盡可能，正義才可能得以伸張。

法律白話文運動
PLAIN LAW MOVEMENT

求助資源 （以下資料引用衛生福利部網站）

性侵害不是性，而是暴力。當您遭受性侵害，或您服務的單位遇到需要幫助的性侵害被害人時，您可以運用以下的資源或原則處理。

★ 113保護專線

任何時間，若您發現有兒童、少年、老人、身心障礙者遭受不當對待，或您本身有遭受家庭暴力、性侵害、性騷擾等情事，不分縣市、24小時全天候可以手機、市話、簡訊（聽語障人士）直撥「113」，將有專業值機社工人員與您線上對談，提供您相關諮詢、通報、轉介等專業服務。

★ 113線上諮詢

https://ecare.mohw.gov.tw/WebChattingCtrl?func=getChattingBoardByClient

如果您是聽語障或不便言談的朋友，也可以使用手機傳簡訊至113，或利用113線上諮詢與保護專線的專業人員聯繫。

★ 關懷E起來

https://ecare.mohw.gov.tw/

提供網路通報平台，民眾可以在線上通報及諮詢有關家庭暴力、性侵害及兒少保護事項，如果發現身旁兒少疑似遭受疏忽、虐待等不當對待情形，請立即上網諮詢通報。

★ 各直轄市、縣（市）政府家庭暴力及性侵害防治中心

https://www.mohw.gov.tw/dl-40350-a0c29426-cb03-4f03-b153-9de2db10a3c7.html

如果您對通報事宜、性侵害案件處理有任何疑問，也可以與各縣市政府的性侵害防治中心聯繫。

★ 性侵害被害者創傷復原中心

https://dep.mohw.gov.tw/DOPS/lp-3248-105.html

若您曾遭受性侵害事件或已走過性侵害司法流程，仍對於自己的生理、心理、生活方面及與人相處感到擔憂，創傷復原中心將可以提供您與重要他人（如家庭成員、朋友……等）心理輔導及諮商服務，專屬網站也提供您更多性侵害創傷相關資訊。

國家圖書館出版品預行編目資料

親密的性犯罪者：來自觀護人的深切呼籲,聚焦我們與性犯罪的距離 / 安丙憲著；邱麟翔譯. -- 初版. -- 臺北市：臺灣東販股份有限公司, 2020.12
232面；14.7×21公分
譯自：친밀한 성범죄자：당신의 안전을 위한 성범죄 대처 매뉴얼

ISBN 978-986-511-547-0(平裝)

1.性侵害 2.性犯罪 3.犯罪防制

548.544　　109017127

親密的性犯罪者

來自觀護人的深切呼籲，聚焦我們與性犯罪的距離

2020年12月1日初版第一刷發行

作　　者　安丙憲
譯　　者　邱麟翔
編　　輯　曾羽辰
美術編輯　竇元玉
發 行 人　南部裕
發 行 所　台灣東販股份有限公司
＜地址＞台北市南京東路4段130號2F-1
＜電話＞(02)2577-8878
＜傳真＞(02)2577-8896
＜網址＞http://www.tohan.com.tw
郵撥帳號　1405049-4
法律顧問　蕭雄淋律師
總 經 銷　聯合發行股份有限公司
＜電話＞(02)2917-8022